COLLECTION DES CLASSIQUES POPULAIRES

FÉNELON ÉDUCATEUR

COLLECTION DES CLASSIQUES POPULAIRES

FÉNELON ÉDUCATEUR

PAR

GASTON BIZOS

ANCIEN ÉLÈVE DE L'ÉCOLE NORMALE SUPÉRIEURE
PROFESSEUR DE LITTÉRATURE FRANÇAISE
ET DOYEN DE LA FACULTÉ DES LETTRES A AIX

PARIS

H. LECÈNE ET H. OUDIN, ÉDITEURS

17, RUE BONAPARTE, 17

1886

Fénelon.
(Reproduction de la Bibliothèque Nationale.)

FÉNELON ÉDUCATEUR

CHAPITRE PREMIER.

DE L'ÉDUCATION DES FILLES.

« François de Salignac de Lamothe, d'une famille ancienne et illustre, naquit au château de Fénelon, en Périgord, le 6 août 1651. Sous les yeux d'un père vertueux, il fit avec autant de succès que de rapidité ses études littéraires ; et dès l'enfance, nourri de l'antiquité classique, élevé dans la solitude parmi les modèles de la Grèce, son goût noble et délicat parut en même temps que son heureux génie. Appelé à Paris par son oncle, le marquis de Fénelon, pour achever ses études philosophiques et commencer le cours de théologie nécessaire à sa vocation naissante , il soutint à quinze ans la même épreuve que Bossuet, et prêcha devant un auditoire, moins célèbre à la vérité que celui de l'hôtel de Rambouillet. Cet éclat d'une réputation prématurée alarma le marquis de Fénelon, qui, pour soustraire le brillant jeune homme aux séductions du monde et de l'amour-propre, le fit entrer au séminaire de Saint-Sulpice... Il y reçut les ordres (1). »

Cependant, la ferveur de Fénelon lui inspira le dessein de se consacrer aux missions du Canada. Son oncle, l'évêque de Sarlat, effrayé d'une détermination absolument incompatible avec la santé de son neveu, refusa son consentement. Bientôt le jeune prêtre reprit son projet en portant sa pensée, non plus vers les missions du Canada, mais vers celles du Levant, vers la Grèce, où tant de souvenirs profanes et sacrés appelaient son imagination (2).

Cet enthousiasme céda de nouveau aux volontés d'une famille justement inquiète, qui détourna Fénelon de ces missions lointaines en le consacrant à l'instruction des *Nouvelles catholiques*. On appelait ainsi les jeunes filles enlevées

(1) Villemain, *Notice sur Fénelon*.
(2) De Bausset, *Histoire de Fénelon*.

au protestantisme et élevées, sous la protection directe de Louis XIV, dans une maison fondée à Paris en 1634 par Jean François de Gondi. Fénelon resta leur directeur pendant dix ans. C'est de ce ministère qu'il tira, en 1687, son *Traité de l'éducation des filles*. Cet ouvrage n'était pas d'abord destiné au public; Fénelon ne l'avait écrit que pour répondre aux prières de la duchesse de Beauvilliers , mère attentive, soigneusement occupée de l'éducation de ses huit filles. Heureusement le traité, réservé à une seule et noble maison, est devenu un livre pour ainsi dire élémentaire. La lecture et l'étude en conviennent à toutes les familles, à tous les pays et à tous les temps.

En 1687, un traité sur un pareil sujet était chose hardie et nouvelle. On peut même dire qu'en remontant jusqu'aux plus beaux jours de l'ancienne Grèce, on ne trouverait rien de semblable. Xénophon (1) et Platon (2) ne pouvaient songer à écrire en vue d'un sexe que les mœurs et les lois condamnaient à l'ombre du gynécée. Quand le christianisme élève le sort de la femme,

(1) Général, historien et philosophe athénien (445 à 355 av. J.-C.).

(2) Célèbre philosophe athénien (430-347 av. J.-C.).

1.

qui devient vraiment au foyer domestique la
compagne de l'homme, ce livre, que la meilleure antiquité païenne n'avait pu produire, ne
se produit pas encore. S'il ne faut pas oublier
que saint Jérôme, écrivant à Læta, dame ro-
maine d'une grande qualité, à propos de l'éducation de sa fille, a donné d'excellents conseils
sur cette matière, il est certain que ni les premiers chrétiens ni les hommes du moyen âge
ne se sont mis en peine pour traiter, d'une manière particulière et ample, le sujet si important
de l'éducation des filles.

Au xiv° siècle, il est vrai, un vieux gentilhomme, le chevalier de la Tour-Landry, écrit
d'une plume naïve, et parfois étrangement libre,
pour l'instruction de ses filles, un petit livre qui
nous donne une bien modeste idée de ce qui
leur était appris. Le bon gentilhomme se déclare
satisfait, pourvu que ses filles « puissent lire en
» la bible et dans les gestes des rois et chroni-
» ques de la France, et de la Grèce, et de l'An-
» gleterre, pour y puiser des exemples et tour-
» ner leur cœur à Dieu. » D'ailleurs, les princesses et les filles des rois ne reçoivent pas alors
d'autres leçons. Qu'on lise les enseignements
d'Anne de France, duchesse de Bourbonnais et

d'Auvergne, à sa fille Suzanne de Bourbon, ou les enseignements de saint Louis à sa fille Isabelle, on n'y verra ni des pensées plus vastes ni des désirs plus hauts que dans les conseils du chevalier de la Tour-Landry.

Ce manque d'idées générales au moyen âge et même au xvie siècle sur l'éducation des filles doit-il nous étonner? Nullement ! L'homme, destiné à la vie active, extérieure, recevait au grand jour une éducation complète, dont les règles principales étaient tracées par les penseurs de tous les temps. La femme, devant s'effacer modestement dans le demi-jour de la famille, ne pouvait attendre que des soins individuels, qu'une éducation intime, dont toutes les règles étaient prises dans les traditions domestiques. Les filles étaient élevées à la maison par *leur mère*, qui leur transmettait les principes qu'elle-même avait reçus *de sa mère*. Voilà pourquoi Rabelais, qui institue en façon mirifique, sous la discipline de Ponocrates, son élève Gargantua, ne nous dit rien de l'éducation de sa mère Gargamelle ni de sa femme Badebec, qui pourtant était « *la plus ceci la plus cela qui fust au monde.* » Voilà pourquoi Montaigne ne songe pas à donner à Madame Diane de Foix des avis sur l'*institution des filles* (1), « alors qu'il ne sait pas encore si c'est un garçon qui va naître d'elle. Voilà pourquoi aussi Erasme (2), prenant à parti l'étroitesse d'esprit qui préside à l'éducation des filles de son temps, prétend que pour tout savoir on leur enseigne à faire la révérence, à tenir les bras, à sourire en pinçant les lèvres, à ne manger à table qu'à peine, sauf à se dédommager ensuite en particulier. »

Au XVIIe siècle, la science reste chez les femmes, pour les mêmes raisons, inégale et courte ; la coutume et le caprice des mères continuent à décider de tout. Fénelon, frappé de ce mal, a le premier l'idée de songer à toutes les familles en s'occupant des filles de Monsieur de Beauvilliers (3), et, généralisant ses maximes, il compose un vrai traité qui, pour être un coup d'essai, n'en est pas moins un coup de maître, une œuvre originale, dont tous les moralistes, qui écriront après lui sur l'éducation des filles, s'inspireront à l'envi.

C'est ainsi, par exemple, que Madame de

(1) Gasté, préface de son édition. Paris, 1882.

(2) Savant célèbre né à Rotterdam en 1467, mort à Bâle en 1536.

(3) Gouverneur du duc de Bourgogne, ministre d'État en 1691.

Madame de Maintenon.

Maintenon, exposant ses vues et dictant ses
volontés sur l'éducation des demoiselles de Saint-
Cyr, n'a pas, sauf quelques modifications, ren-
dues nécessaires par la différence des circon-
stances, un idéal autre que celui dont Fénelon
poursuit et recommande la réalisation. Dans
cette chère maison, où, pour payer la rançon
de la grandeur, elle a rassemblé deux cent
cinquante jeunes filles, toutes nées de gentilshommes pauvres, elle les élève *chrétiennement
et raisonnablement*, selon des principes, qu'elle
a sans nul doute puisés en grande partie dans
le livre de Fénelon. Comme lui, elle se garde
bien de leur peindre le monde avec de romanesques et séduisantes couleurs, parce qu'elle veut
les préparer à la destinée laborieuse qui attend
leur mince fortune ou leur pauvreté ; elle leur
fait connaître, de longue main, l'exacte réalité
de la vie. C'est pourquoi, selon la méthode de
Fénelon, elle combat dans leurs cœurs les ten-
dances à l'orgueil, à la mollesse, à la rêverie ;
elle leur donne une piété ferme et éloignée des
vaines superstitions, une instruction plus solide
que brillante ; elle les accoutume à la réflexion,
au travail, à l'activité intellectuelle et physique ;
elle leur enseigne les habitudes d'une vie simple

et réglée, qui peut seule, selon ses justes expressions, « régénérer par les femmes la noblesse de France. »

Le point de départ du traité de Fénelon est excellent; l'auteur y montre, avec autant de bon sens que d'éloquence, combien l'éducation des femmes est importante, puisque leur rôle est si considérable dans la vie et dans la société :

« N'ont-elles pas des devoirs à remplir, mais des devoirs qui sont les fondements de toute la vie humaine ? Ne sont-ce pas les femmes qui ruinent ou qui soutiennent les maisons, qui règlent tout le détail des choses domestiques et qui, par conséquent, décident de tout ce qui touche de plus près à tout le genre humain ? Les hommes peuvent-ils espérer pour eux-mêmes quelque douceur de vie, si leur plus étroite société, qui est celle du mariage, se tourne en amertume ! Et les enfants, que deviendront-ils, si les mères les gâtent dès leurs premières années ? »

Après avoir indiqué les devoirs des femmes dans la vie privée, Fénelon, avec une audace de pensées et de langage qu'on dirait toute moderne, leur trace leurs devoirs dans la vie publique. Ce n'est pas assez qu'elles soient le bonheur du foyer, il faut qu'elles fassent servir leur puissance de persuasion à propager autour d'elles le culte de la justice et du dévouement en soutenant leurs maris aux jours d'épreuves, en élevant leurs enfants non pour elles-mêmes, mais pour la patrie !

Fénelon jette sur le passé un rapide regard ; il n'a pas de peine à reconnaître combien de maux ont été attirés sur les peuples et les rois par la déplorable influence de femmes dont l'éducation avait été négligée. Il montre qu'une société, qui n'a qu'un petit nombre de femmes noblement et libéralement instruites, est exposée aux plus grands périls ; il ajoute qu'au contraire, si l'éducation des femmes y est répandue et savamment dirigée, elle deviendra de jour en jour plus policée, plus prudente, animée de sentiments plus élevés et d'instincts plus généreux.

Ainsi Fénelon, dès le début de son livre, avec une saisissante vigueur de logique, pose en principe qu'il faut conformer l'éducation des femmes aux devoirs qui les attendent dans la maison et dans le monde. Cet exorde est confirmé par le chapitre suivant, où l'écrivain, se livrant à une critique spirituelle, nous dépeint l'état de société féminine en France à son époque.

Quand nous nous reportons aux femmes du

xvii° siècle, nous sommes souvent les dupes de certaines exceptions éclatantes, des Motteville, des Sévigné, des La Fayette, versées dans les lettres anciennes et modernes, joignant la curiosité sérieuse et amusée aux goûts distingués et délicats. Il faut bien le dire, ces éducations brillantes, que nous admirons, étaient très rares même dans les grandes maisons. Madame de Sablé avouait qu'elle avait reçu l'instruction la moins sûre et la plus étroite; Madame Guyon, qui avait passé son enfance au couvent, où l'on recevait les leçons les plus mornes et les plus pauvres, se vantait d'avoir néanmoins su, à huit ans, autant que les dames renommées du royaume. Madame de Maintenon aimait à raconter qu'à douze ans elle passait, avec une cousine à peu près du même âge, une partie du jour à garder les dindons d'une vieille tante qui l'avait recueillie. « On nous plaquait, dit-elle, un masque sur notre nez; car on avait peur que nous ne nous hâlassions. On nous mettait au bras un petit panier où était notre déjeuner, avec un livret des quatrains de Pibrac (1), dont on nous donnait quelques pages à apprendre par cœur. »

(1) Magistrat et poète, auteur des *Stances morales* (1529-1584).

Mademoiselle de Scudéry, dans un curieux passage de son *Cyrus* (1), s'élevait en ces termes contre la façon dont on traitait son sexe : « Une femme, qui ne peut danser avec bienséance que cinq ou six ans de sa vie, on emploie dix ou douze à apprendre continuellement que ce qu'elle ne doit faire que cinq ou six; et cette même personne, qui est obligée d'avoir du jugement jusqu'à la mort et de parler jusques à son dernier soupir, on ne lui enseigne rien du tout qui puisse ni la faire parler plus agréablement ni la faire agir avec plus de conduite. »

Telle était l'idée qu'on se faisait alors généralement de la nature et des destinées de la femme. En 1686, l'abbé Fleury, dans son *Traité du choix et de la méthode des études*, où il touchait avant Fénelon, dont il était l'ami, le sujet de l'éducation des filles, laissait échapper ces paroles significatives : « Ce sera sans doute un grand paradoxe de dire que les femmes doivent apprendre autre chose que le catéchisme, la couture, et divers petits ouvrages, chanter, danser, s'habiller à la mode, et faire bien la révérence ; car voilà d'ordinaire toute leur éduca-

____

(1) Fameux roman de Mademoiselle de Scudéry (1607-1701).

tion. » Et l'abbé Fleury se figure qu'il est le plus hardi des novateurs, quand, après avoir consenti que les femmes se passent de l'histoire, il propose qu'elles apprennent à écrire correctement en français, sachent l'arithmétique, et connaissent un peu la jurisprudence, qui « leur est d'autant plus nécessaire en France qu'elles ne sont point en tutelle et peuvent avoir de grands biens dont elles soient les maîtresses absolues. » On le voit, la fiction de Molière faisant parler le bonhomme Chrysale ressemblait d'assez près à la réalité, et c'était peindre sans trop d'exagération la vie bornée et modeste, imposée à la femme par l'usage, que de dire :

« Il n'est pas bien honnête, et pour beaucoup de causes,
Qu'une femme étudie et sache tant de choses.
Former aux bonnes mœurs l'esprit de ses enfants,
Faire aller son ménage, avoir l'œil sur ses gens
Et régler la dépense avec économie,
Doit être son étude et sa philosophie.
Nos pères, sur ce point, étaient gens bien sensés
Qui disaient qu'une femme en sait toujours assez
Quand la capacité de son esprit se hausse
A connaître un pourpoint d'avec un haut-de-chausse. »

Sans doute, dans la pièce de Molière, celui qui s'exprime ainsi est un personnage comique, opposant un ridicule à un ridicule, un excès à

un excès; mais, en somme, tout prouve qu'au
xviie siècle la majorité des nobles comme des
bourgeois pensait dans le for intérieur de la
même façon que le barbon de la comédie. C'est
donc une peinture des femmes contemporaines
très naturelle et très piquante dans son exactitude satirique qui va nous être tracée par Fénelon.

Il nous met sous les yeux les jeunes femmes
du monde, le plus souvent mal élevées, igno-
rantes, en proie au désœuvrement et à l'ennui,
molles et paresseuses, têtes vides et frivoles,
s'accoutumant à dormir un tiers plus qu'il ne
faudrait pour conserver une bonne santé, s'aban-
donnant à une curiosité indiscrète et insatiable,
à une sensibilité pernicieuse pour les divertisse-
ments et les spectacles, se passionnant pour les
ouvrages romanesques et les récits d'aventures
chimériques :

« Une pauvre fille, pleine du tendre et du merveilleux qui l'ont charmée dans ses lectures, est étonnée
de ne trouver point dans le monde de vrais personnages qui ressemblent à ses héros; elle voudrait
vivre comme ces princesses imaginaires qui sont dans
les romans, toujours charmantes, toujours adorées,
toujours au-dessus de tous les besoins. Quel dégoût

pour elles de descendre de l'héroïsme jusqu'au plus bas détail du ménage ! »

La Bruyère lui-même, dans son chapitre *sur les femmes*, n'a jamais déployé une observation plus aiguisée et moqueuse que celle dont Fénelon fait preuve dans des pages d'une raillerie élégante et fine. Comme l'auteur des *Caractères*, il sait voir le ridicule où il est et l'en tirer d'une manière qui plaise et instruise. Il tempère ainsi la sévérité de ses leçons en y mêlant, avec une parfaite mesure, la dose de satire si utile pour répandre sur tout l'ouvrage la vivacité et la variété.

Quand Fénelon arrive au cœur de son sujet, il établit une distinction fondamentale entre l'éducation et l'instruction, quoiqu'il se serve du même mot pour désigner l'une et l'autre. Il nomme la première *l'éducation du cœur*, la seconde *l'éducation de l'esprit*. Cette distinction une fois bien indiquée, le plan qu'il adopte est simple. Il va montrer comment il faut instruire parallèlement le cœur et l'esprit, d'abord pendant *les années de l'enfance*, ensuite pendant *les années de l'adolescence*.

C'est dès le berceau que Fénelon prend les élèves qu'il se propose de former, et, alors qu'elles ne savent pas encore parler, il surveille déjà et dirige tous leurs mouvements.

« Considérez, dit-il, combien, dès cet âge, les enfants cherchent ceux qui les flattent et fuient ceux qui les contraignent; combien ils savent crier ou se taire pour avoir ce qu'ils souhaitent; combien ils ont déjà d'artifice et de jalousie. On peut donc compter que les enfants connaissent dès lors plus qu'on ne s'imagine d'ordinaire; ainsi vous pourrez leur donner par des paroles, qui seront aidées par des tons et des gestes, l'inclination d'être avec les personnes honnêtes et vertueuses qu'ils voient plutôt qu'avec d'autres personnes déraisonnables qu'ils seraient en danger d'aimer; ainsi vous pourrez encore, par les différents airs de votre visage et par le ton de votre voix, leur représenter avec horreur les gens qu'ils ont vus en colère ou dans quelque autre dérèglement, et prendre le ton le plus doux avec le visage le plus serein, pour leur représenter avec admiration ce qu'ils ont vu faire de sage et de modeste. »

Rien ne semble trop minutieux à Fénelon, soit qu'il parle d'abord des soins physiques qu'il faut donner à l'enfance pour la conservation, la direction, l'usage des organes et des facultés du corps, soit qu'il s'occupe de l'âme et de l'intelligence. Toute cette partie de son ouvrage est infiniment attachante et originale ; on sent à chaque phrase qu'elle lui appartient en propre.

Quelle délicatesse et quelle sagacité ! Avec quelle candeur il applique à la pédagogie cette imagination qui, selon le mot de Villemain, lui échappe de toutes parts ! C'est presque avec l'affection d'une mère que Fénelon décrit l'enfant, son âme à peine éclose, son intelligence indécise et vague encore, jetant les premières lueurs, ses lèvres balbutiant les premières paroles, ses pieds timides essayant les premiers pas. Ce profond amour de l'enfance, si différent de la manière un peu dure et même sarcastique dont La Bruyère parle de l'enfant, donne au livre de Fénelon cette vivacité d'analyse, ce charme séduisant, cette douce chaleur qui nous pénètre et nous échauffe.

Après avoir examiné l'enfance avec son contingent de bonnes et de mauvaises qualités, Fénelon descend du général au particulier et trace quelques portraits remarquables par leur précision. Voici l'enfant d'une nature rebelle et farouche, qui oppose à l'éducation un insurmontable obstacle ! Celui-ci est artificieux et dissimulé :

« Il est né politique, caché, indifférent, pour rapporter tout secrètement à lui-même ; il trompe ses parents, que la tendresse rend crédules : sa souplesse, qui cache une volonté âpre, parait une véritable douceur, et son naturel ne se déploie tout entier que quand il n'est plus temps de le redresser. »

Celui-là est orgueilleux et jaloux :

« La jalousie est plus violente chez les enfants qu'on ne saurait l'imaginer : on en voit quelquefois qui sèchent et qui dépérissent d'une langueur secrète, parce que d'autres sont plus caressés qu'eux. »

Que de remarques fines et justes sur ces enfants précoces, petits prodiges, qui ne tiendront pas les promesses de leurs jeunes années ! Que de jolies observations sur l'aptitude des enfants à imiter les mauvais exemples ! Que d'ingénieuse vérité dans la peinture de leur esprit malicieux et railleur, qui se plaît à contrefaire les gens ridicules et à prendre, pour représenter ce qui leur semble risible, *cent manières moqueuses et comédiennes*. D'ailleurs, à côté de tous ces défauts, Fénelon se hâte de placer les remèdes ; il recommande de varier selon les cas les méthodes de redressement, les punitions et les récompenses, les reproches et les éloges ; il indique avec une infatigable diversité les soins multiples qui doivent toujours être proportionnés à chaque nature.

Après avoir loué cet art délicieux d'étudier l'enfance, de l'instruire, de la discipliner, de se dévouer à elle, il convient, avec le plus grand respect pour le génie de Fénelon, de noter que son noble esprit et son âme si tendre peuvent parfois s'être égarés et de leur présenter des objections. Il y a certainement quelque longueur dans cette accumulation de conseils et de préceptes ; il semble que l'écrivain abonde trop dans son propre sens, qu'il se berce de ses paroles, se laisse entraîner par son sujet qui l'enchante lui-même. On voudrait moins de subtilité, de raffinement, de goût à s'attarder dans le menu détail.

« O sage directeur ! lui dirait-on volontiers, ne craignez-vous pas qu'on ne vous accuse de faire le roman de l'éducation, tant les théories que vous prêchez sont savantes, minutieuses, difficiles à réaliser ? C'est une institutrice parfaite, bien plus, une institutrice parfaite pour chaque enfant, que vous rêvez ! Chez qui trouverez-vous le discernement, la patience, le prodigieux talent, nécessaires pour exécuter votre plan ? » Fénelon semble avoir prévu cette critique ; car, au moment de conclure son livre, il se retourne pour embrasser d'un coup d'œil la route qu'il a parcourue, et il en aperçoit, non sans terreur, les détours, les difficultés, les obstacles. Il déclare alors que, quand on entreprend un ouvrage sur la meilleure éducation, on doit forcément viser dans cette recherche au parfait et à l'idéal. Il avoue que dans la pratique on ne pourra pas aller aussi loin que ses pensées allaient, lorsque rien ne les arrêtait sur le papier ; mais il s'empresse d'ajouter que de ce qu'on ne saurait arriver dans la réalité au type de perfection qu'il a proposé il ne s'ensuit pas qu'il soit inutile de l'avoir connu. Sans doute il ne s'agit pas de l'atteindre, mais il s'agit de s'en approcher autant qu'il est possible.

Il est un autre point sur lequel il importe de discuter les enseignements de Fénelon. Ne recommande-t-il pas trop le travail attrayant ? Cette voie, où l'aimable guide appelle l'enfance avec des accents si doux et où il l'engage comme à travers les fleurs, n'est-elle pas trop commode et trop charmante pour les disciples, trop épineuse et malaisée pour les maîtres et les maîtresses ? C'est dans une joie perpétuelle que doit se faire l'instruction qu'il dirige. Il veut qu'on raconte aux enfants mille histoires agréables et vives, qu'on les accoutume à représenter les personnages de ces histoires et qu'on les charme par ces représentations, qu'on leur mette sous les yeux des tableaux et des estampes aux belles couleurs, qu'on leur apprenne à lire dans des livres dorés, qu'on s'efforce d'enlever à leurs travaux l'air d'étude et de tâche imposée.

Vraiment, quand on voit Fénelon caresser ainsi la liberté de l'enfant, on se demande si ces sentiers parsemés de roses, à travers lesquels il se flatte de le mener pas à pas, existent ailleurs que dans *ces îles fortunées*, dont il a fait quelque part une poétique description. Il dit qu'il veut former une femme à l'esprit droit, ferme, réglé. Eh bien ! il est permis de craindre qu'il n'y ait contradiction entre le but qu'il se propose et les moyens qu'il indique pour y arriver. L'esprit ne court-il pas le risque d'être prématurément gâté par tant de soins, de délicatesse, de félicité et de joie ? Quand Fénelon, comme plus tard Rousseau, se préoccupe tant de donner un tour agréable aux notions utiles, ne s'expose-t-il pas à finir par persuader aux enfants que toute leçon doit leur plaire, et qu'ils peuvent rejeter celles qui s'en dispensent ? Fénelon ne semble pas s'inquiéter assez d'exercer chez l'enfant la raison, qui est plus précoce qu'il ne croit, et, par défiance d'elle, il s'adresse trop à ses autres facultés moins énergiques, l'imagination et la sensibilité.

De même l'enseignement continue à être trop ingénieux et trop fleuri, quand Fénelon développe sa méthode pour mettre à la portée de l'enfance tout ce qui concerne les dogmes catholiques, les cérémonies du culte, les doctrines et les sacrements. En cette grave matière, il semble que son imagination égare un peu son bon sens dans les raffinements et dans les subtilités. Il veut qu'on frappe vivement les esprits enfantins et qu'on ne leur propose rien qui ne soit revêtu d'images sensibles. Si l'on désire, par exemple, essayer de leur faire comprendre la création, voici comment on devra procéder :

« Il faut montrer aux enfants une maison, et les accoutumer à comprendre que cette maison ne s'est pas bâtie d'elle-même. Les pierres, leur direz-vous, ne se sont pas élevées sans que personne les portât. Il est bon même de leur montrer des maçons qui bâtissent ; puis, faites-leur regarder le ciel, la terre et les principales choses que Dieu y a faites pour l'usage de l'homme ; dites-leur : voyez combien le monde est plus beau et mieux fait qu'une maison. S'est-il fait de lui-même ? Non, sans doute, c'est Dieu qui l'a bâti de ses propres mains ! »

Pour leur parler des rapports de l'âme et du

corps, on leur représentera un cavalier qui est monté sur un cheval et qui le conduit. Pour inculquer aux enfants l'idée d'une autre vie, on leur montrera le paradis arrosé par un fleuve de paix et par une fontaine de délices, tout brillant d'or et de pierreries. Quant à Dieu, on le représentera assis sur son trône, avec des yeux plus étincelants que les rayons du soleil. On le fera parler ; on lui donnera des oreilles qui écoutent tout, des mains qui portent l'univers, des bras qui sont toujours levés pour punir les méchants, un cœur paternel pour rendre heureux ceux qui l'aiment.

Malheureusement en ces sujets délicats la pente est dangereuse, et il est à craindre que Fénelon n'aille trop loin dans ce système qui consiste à écarter tout ce qui est *abstrait* pour multiplier les comparaisons familières, les images pittoresques, les tours sensibles. En transformant tout en récits et en descriptions, en figures humaines et en tableaux matériels, en abusant des moyens *concrets*, il va peut-être peupler de formes les esprits des enfants et ressusciter pour eux comme un Olympe.

Mais si Fénelon manque là de discrétion et de mesure, il reprend tous ses avantages quand il ordonne de combattre la superstition, qui est surtout à redouter chez les femmes, et quand il n'hésite pas à séparer la *religion* de la *religiosité* :

« Accoutumez, s'écrie-t-il, les filles naturellement trop crédules à n'admettre pas légèrement certaines histoires sans autorité et à ne pas s'attacher à de certaines dévotions qu'un zèle indiscret introduit. »

Cependant, les élèves de Fénelon sont arrivées à l'adolescence. Nous touchons à la seconde partie de l'ouvrage, d'une forme plus serrée et d'un *développement plus concis* que la première ; elle s'ouvre par un malicieux chapitre intitulé : *Remarques sur plusieurs défauts des filles.* Fénelon dit qu'elles sont nées artificieuses et qu'elles savent user de longs détours pour arriver à leur but ; il fait une clairvoyante satire de leurs ruses, de leurs colères, de leurs jalousies, de l'industrie qu'elles déploient dans leurs rivalités pour prévaloir les unes contre les autres ; il les montre vaines et désireuses de plaire :

« Les chemins, dit-il, qui conduisent les hommes à l'autorité et à la gloire leur étant fermés, elles tâchent de se dédommager par les agréments de l'esprit et du corps. De là vient qu'elles aspirent tant à la beauté et à toutes les grâces extérieures, et qu'elles sont si passionnées pour les ajustements ;

une coiffe, un bout de ruban, une boucle de cheveux plus haut ou plus bas, le choix d'une couleur, ce sont pour elles autant d'affaires importantes. »

Puis Fénelon se met à dépeindre la loi inconstante et tyrannique de la mode ; il oppose la gravité et la simplicité des mœurs anciennes au luxe nouveau des vêtements, des dentelles et des bijoux :

« Je voudrais faire voir aux jeunes filles la noble simplicité qui paraît dans les statues et les autres figures qui nous restent des femmes grecques et romaines ; elles y verraient combien des cheveux noués négligemment par derrière et des draperies pleines et flottant à longs plis sont agréables et majestueuses. »

Ce passage n'est-il pas charmant, bien digne du délicat et poétique écrivain, pour qui les plus purs chefs-d'œuvre de la statuaire antique n'avaient pas de secrets, et qui semble avoir comme des réminiscences des entretiens de Platon et des ateliers de Phidias? Est-ce à dire que Fénelon poursuive la chimère de prétendre faire que les jeunes filles de son temps adoptent le costume des Athéniennes, contemporaines de Socrate et de Périclès? Nullement !

« Je sais bien, dit-il, qu'il ne faut pas souhaiter

qu'elles prennent l'extérieur antique ; il y aurait de l'extravagance à le souhaiter ; mais elles pourraient, sans aucune singularité, prendre le goût de cette simplicité d'habits si noble, si gracieuse, et d'ailleurs si convenable aux mœurs chrétiennes. Ainsi, se conformant dans l'extérieur à l'usage présent, elles sauraient au moins ce qu'il faut penser de cet usage ; elles satisferaient à la mode comme à une servitude fâcheuse, et elles ne lui donneraient que ce qu'elles ne pourraient lui refuser... Faites-leur remarquer souvent et de bonne heure la vanité et la légèreté d'esprit qui fait l'inconstance des modes. C'est une chose bien mal entendue, par exemple, de se grossir la tête de je ne sais combien de coiffes entassées ; les véritables grâces suivent la nature et ne la gênent jamais. »

Fénelon n'est pas moins incisif quand il combat chez les femmes la manie du bel esprit, et quand il mène la campagne contre le ridicule si plaisamment attaqué par Molière. Il prouve que la précieuse est précieuse parce qu'elle est ignorante, romanesque, visionnaire. Comme Molière, il ne veut pas de femmes *savantes*, mais il veut des femmes *instruites* ; il distingue le pédantisme et le savoir, le bon et le mauvais usage de la science, et il dit excellemment que la femme doit avoir sur la science une pudeur telle que celle qu'elle doit avoir sur la vertu.

2.

Après avoir signalé ces défauts, il développe les enseignements qui doivent y remédier. Reprenant le principe qu'il a posé au début de son ouvrage, et d'après lequel il importe de proportionner l'éducation des femmes aux devoirs qu'elles ont à remplir, il se présente d'abord le rôle général que doit jouer dans sa maison la jeune femme devenue mère de famille. *Il met en relief avec vigueur l'étendue de ses fonctions domestiques :* conduire l'éducation des enfants, des garçons jusqu'à un certain âge, des filles jusqu'à ce qu'elles se marient, surveiller les valets, diriger les servantes, régler le détail de la dépense sans avarice et sans prodigalité, acquérir l'autorité sur toutes les personnes qui composent cette petite république, en leur donnant le bon exemple.

Or, pour arriver à posséder cet esprit mûr, ferme, appliqué, propre au gouvernement, que doit-elle savoir ? Elle doit tout d'abord apprendre à lire et à écrire correctement ! Cette prescription semble une naïveté, et cependant elle est nécessaire. Rares, en effet, sont parmi les femmes du meilleur ton celles qui savent prononcer ce qu'elles lisent : ou elles hésitent ou elles chantent en lisant. Il y a là sur l'importance et les difficultés de la lecture à haute voix quelques lignes qui placent Fénelon au premier rang parmi les *apôtres* de l'art de bien dire. De même il insiste sur la nécessité d'une écriture nette et d'une orthographe exacte, et il a d'autant plus raison d'insister sur ce dernier point, que les plus grandes dames de la cour manquaient grossièrement pour l'orthographe !

Quant à la langue, Fénelon ne croit pas qu'on doive essayer de l'apprendre aux jeunes filles *par règles;* il pense que pour cela il faudrait les soumettre aux mêmes études latines que les garçons, puisque le français, à son origine, sort du latin et que sa naissance est, à vrai dire, une métamorphose.

« Accoutumez-les seulement, sans affectation, à ne point prendre un temps pour un autre, à se servir des termes propres, à expliquer nettement leurs pensées avec ordre et d'une manière courte et précise : vous les mettrez en état d'apprendre un jour à leurs enfants à bien parler. »

Sans méconnaître ce qu'il y a de juste et de sage dans ces conseils, nous ne pouvons aujourd'hui nous empêcher de juger Fénelon beaucoup trop timide sur ce point : c'est que notre siècle a merveilleusement développé la science historique de la grammaire et du langage par des méthodes subtiles et pénétrantes, grâce auxquelles le maître le plus modeste ne saurait plus reculer devant l'œuvre qui paraissait impossible au génie de Fénelon, pourtant si peu routinier et parfois original jusqu'à la chimère. Cela prouve, pour le dire en passant, que, si l'on veut bien juger les grands hommes, il faut les replacer au milieu des conditions de leur temps et non pas les accabler de la supériorité d'expérience du nôtre. Ainsi Fénelon borne ce que nous appellerions l'*instruction scientifique* de ses élèves aux quatre règles de l'arithmétique. N'en soyons pas plus étonnés qu'il ne serait lui-même sans doute, s'il revenait au monde, surpris de nous voir enseigner aux jeunes filles les éléments de l'algèbre et de la géométrie, des sciences physiques et naturelles. Songeons que, si parfois Fénelon semble être simplement le rapporteur de ce qu'on pouvait penser autour de lui, il a été souvent un hardi novateur. Quarante ans après l'apparition du livre de Fénelon, le bon Rollin était accusé d'être un ambitieux et un téméraire, quand, publiant son *Traité des Études*, il demandait qu'on apprît aux jeunes Français un peu de leur histoire nationale. Or, ce que

Rollin réclamait pour les garçons en 1726, Fénelon n'avait pas, dès 1687, hésité à le réclamer pour les jeunes filles. Bien plus, non seulement il voulait qu'on leur enseignât l'histoire de France, si étrangement dédaignée, mais qu'on ne craignît pas de leur faire comme un cours d'histoire universelle :

« Donnez-leur des histoires grecques et romaines ; elles verront des prodiges de courage et de désintéressement. Ne leur laissez pas ignorer l'histoire de France ; mêlez celle des pays voisins et les relations des pays éloignés judicieusement écrites. »

Pourquoi donc Fénelon, si heureusement inspiré quand il recommande l'étude de l'histoire et de la géographie, estime-t-il que l'étude des langues vivantes est inutile ? C'est que le Français était, au xviie siècle, comme la langue universelle ! Dans la haute société allemande ou anglaise, la prédilection pour notre langue et notre littérature régnait sans partage. Puisque les étrangers les plus illustres témoignaient du mépris pour leur génie national, comment Fénelon et ses contemporains ne l'auraient-ils pas éprouvé ? Ils considéraient la langue anglaise comme sortant à peine de l'enfance, et la langue allemande comme un jargon rude et barbare. Quant à l'espagnol et à l'italien, Fénelon en défendait l'étude à ses élèves pour d'autres raisons. Il se rappelait comment, dans la première partie du siècle, les Espagnols et les Italiens avaient envahi notre littérature et notre langue, faisant dégénérer l'esprit français en afféterie, en mignardise, en déclamation alambiquée et précieuse. Il n'oubliait pas qu'il avait fallu les comédies de Molière et les satires de Boileau pour extirper les pointes, les concetti, les galanteries fades, les faux brillants, les finesses énigmatiques mêlées aux gaillardises et aux rodomontades. Et il craignait sans doute quelque retour offensif du sensualisme italien ou de l'enflure espagnole.

En revanche, Fénelon inclinerait bien volontiers à permettre aux femmes de prendre une teinture de latinité. Ce n'est pas seulement comme admirateur enthousiaste des écrivains anciens, c'est encore comme chrétien et comme prêtre catholique qu'il voudrait que la langue de Cicéron et de Virgile ne leur fût pas inconnue :

« Car, dit-il, c'est la langue de l'Église. Il y a un fruit inestimable à entendre le sens des paroles de l'office divin ; ceux mêmes qui cherchent les beautés du discours en trouveraient de bien plus parfaites et de plus solides que dans l'italien et l'espagnol. »

En outre, l'ingénieux directeur exprime le souhait que l'on compose spécialement pour les jeunes filles des morceaux choisis d'éloquence et de poésie, tirés des meilleurs auteurs et destinés autant à la culture de leurs âmes qu'à l'ornement de leurs esprits.

Le souffle généreux de Fénelon continue à élever et à élargir l'horizon de l'enseignement qu'il désire pour les jeunes filles de bonne condition. C'est ainsi qu'il leur permet l'étude de la musique dans une page pleine de précautions fines et de réserves délicates :

« Pour la musique, on sait que les anciens croyaient que rien n'était plus pernicieux à une république bien policée que d'y laisser introduire une mélodie efféminée ; elle énerve les hommes ; elle rend les âmes molles et voluptueuses ; les tons languissants et passionnés ne font tant de plaisir qu'à cause que l'on s'y abandonne à l'attrait des sens... »

Ces paroles sont sévères ; mais Fénelon se hâte d'ajouter :

« Les cantiques ont été les premiers monuments qui ont conservé plus distinctement, avant l'Écriture , la tradition des choses divines parmi les hommes. Nous avons vu combien la musique a été puissante parmi des peuples païens pour élever l'âme au-dessus des sentiments vulgaires. L'Église a cru ne pouvoir consoler mieux ses enfants que par le chant des louanges de Dieu. »

Fénelon en conclut qu'on ne peut abandonner un art que l'esprit de Dieu même a consacré, et qu'il faut faire sentir aux jeunes filles qu'on voit sensibles à ses impressions combien on peut trouver de charmes dans la musique sans sortir des sujets pieux. D'ailleurs, il est d'avis que, si elles ont de la voix et du goût pour les beautés de la musique, on ne saurait espérer de les leur faire ignorer, et il dit spirituellement :

« La défense irriterait la passion. Il vaut mieux donner un cours réglé à ce torrent que d'entreprendre de l'arrêter. »

Quant au dessin et à la peinture, Fénélon se montre plus facile que pour la musique, et il décrit avec une justesse exquise et une élégance persuasive le charme et l'utilité de cette étude engageante :

« La peinture a un privilège pour les femmes ; sans elle, leurs ouvrages ne peuvent être bien conduits. Je

sais qu'elles pourraient se réduire à des travaux
simples qui ne demanderaient aucun art ; mais dans
le dessein qu'il me semble qu'on doit avoir d'occu-
per l'esprit en même temps que les mains des femmes
de condition, je souhaiterais qu'elles fissent des ouvrages où l'art et l'industrie assaisonnassent le travail de quelque plaisir. De tels ouvrages ne peuvent
avoir aucune vraie beauté, si la connaissance des
règles du dessin ne les conduit. »

Tels sont les traits principaux du livre de
Fénelon, dont le complément naturel est dans
une page du *Télémaque*, où l'auteur semble avoir
voulu nous présenter le modèle de la jeune fille
idéale en nous traçant, d'un pinceau léger et pur,
l'harmonieuse et touchante figure d'Antiope :

« Ce qui me touche en elle, dit *Télémaque*, c'est son
silence, sa modestie, sa retraite, son travail assidu,
son industrie pour les ouvrages de laine et de broderie, son application à conduire toute la maison de
son père, depuis que sa mère est morte, son mépris
des vaines parures, l'oubli et l'ignorance même qui
parait en elle de sa beauté. — Antiope , *reprend
Mentor*, est douce, simple et sage ; ses mains ne
méprisent pas le travail; elle prévoit de loin, elle
pourvoit à tout; elle sait se taire et agir de suite sans
emportement ; elle est à toute heure occupée et ne
s'embarrasse jamais, parce qu'elle fait toute chose à
propos; le bon ordre de la maison de son père est sa
gloire; elle en est plus ornée que de sa beauté.

Quoiqu'elle ait soin de tout, qu'elle soit chargée de corriger, de refuser, d'épargner (chose qui fait haïr presque toutes les femmes), elle s'est rendue aimable à toute la maison, parce qu'on ne trouve en elle ni passion, ni entêtement, ni légèreté, ni humeur comme dans les autres femmes; d'un seul regard, elle se fait entendre, et on craint de lui déplaire; elle donne des ordres précis : elle n'ordonne que ce qu'on peut exécuter; elle reprend avec bonté, et en reprenant, elle encourage..... Son esprit, non plus que son corps, ne se pare de vains ornements; son imagination, quoique vive, est retenue par la discrétion; elle ne parle que pour la nécessité, et si elle ouvre la bouche, la douce persuasion et les grâces naïves coulent de ses lèvres. Dès qu'elle parle, tout le monde se tait, et elle en rougit; peu s'en faut qu'elle ne supprime ce qu'elle a voulu dire, quand elle aperçoit qu'on l'écoute si attentivement..... Vous avez raison, Télémaque, Antiope est un trésor digne d'être cherché dans les terres les plus éloignées. »

On raconte que lorsque Fénelon traçait ce portrait de la jeune fille parfaite telle qu'il la concevait, il songeait à l'une de ses élèves qu'il avait formée d'après les principes exposés dans son *Traité de l'éducation*. S'il en est ainsi, quelle mère ne serait heureuse de puiser dans un tel livre ses modèles et ses inspirations, pour que ses filles arrivent à ressembler, autant qu'il est possible, à la noble et ravissante fiancée de Télémaque? D'ailleurs, les nouveaux programmes recommandent la lecture et l'explication de cet ouvrage aux jeunes filles instruites de notre temps ; nous leur dirons donc en matière de conclusion : « Tenez-vous en garde contre les parties un peu chimériques d'un livre qui laisse déjà quelquefois deviner le législateur de Salente. Nous vous avons indiqué avec une impartialité respectueuse le luxe des conseils trop minutieux, l'excès d'une sollicitude éprise d'une perfection impossible, l'inquiétude aventureuse d'une imagination qui s'enchante elle-même et s'abandonne à la recherche de ce qui charme sa fantaisie, les restrictions étroites qui tiennent non pas à l'écrivain, mais à son époque. En revanche, cette précaution une fois prise, savourez la connaissance merveilleuse et l'amour profond de l'enfance et de la jeunesse, la peinture savante et délicate du cœur féminin, tant de prescriptions excellentes, d'observations fines, de leçons plus opportunes aujourd'hui que jamais. Goûtez les grâces élégantes d'un style irrésistible et les séductions infinies de l'écrivain qui répand sur tout ce qu'il touche la chaleur et la vie. Admirez surtout les candides audaces du novateur, sa passion du progrès, son libéralisme, qui parfois avance d'un siècle sur son époque et qui semble, à certains endroits, être contemporain du nôtre ! »

CHAPITRE II.

L'ÉDUCATION DU DUC DE BOURGOGNE.

LES FABLES. — LES DIALOGUES DES MORTS.

Fénelon, adonné à l'instruction des nouvelles
catholiques, ne se laissait pourtant pas absorber
par les devoirs du modeste emploi dans lequel
il ensevelit ses talents pendant dix années. Il
avait trouvé dans Bossuet un attachement qui ne
fut pas durable. Admis à la familiarité de ce
grand homme, il étudiait son génie et sa vie, il
le suivait à sa maison de campagne de Germigny ;
comme un disciple fidèle, il se tenait dans son
ombre, respectueux et docile, achevant de se
former, par ses entretiens et d'après ses exemples,
un idéal de la prédication évangélique. Quand
il se décide à prêcher, c'est devant l'évêque de
Meaux, dans sa cathédrale. Quand il écrit les
Dialogues sur l'éloquence, qui sont l'ouvrage de sa

jeunesse, et quand il y fait la guerre avec tant
de finesse et de force à l'affectation du bel esprit,
à la scolastique, à l'abus des divisions et des
portraits, sa pensée est au fond de prendre parti
contre Fléchier, contre Mascaron et même
contre Bourdaloue en faveur de Bossuet qui,
parlant de génie et d'inspiration, lui semble le
meilleur modèle de l'éloquence chrétienne chez
ses contemporains. Enfin, c'est sous les auspices
de Bossuet qu'il débute dans la controverse en
écrivant contre les ministres protestants son
Traité du ministère des pasteurs.

Le bruit que fit cet ouvrage, l'approbation
retentissante que lui donna l'Église catholique,
le suffrage tout-puissant de Bossuet, engagèrent
Louis XIV à charger Fénelon de diriger une
importante mission, dont le but était de convertir les réformés de la Saintonge.

En 1689, un grand objet s'offrit à l'ambition
et au talent de Fénelon. Le duc de Bourgogne,
petit-fils de Louis XIV, sortait de la première
enfance, et le roi, conseillé par Madame de Maintenon, lui donnait pour gouverneur le duc de Beauvilliers. Celui-ci se hâtait de choisir et de faire
agréer au roi, comme précepteur du jeune prince,
Fénelon qui, secondé par quelques vertueux et

savants amis, commença la noble tâche à
laquelle le destinaient de puissantes influences
et la supériorité de son génie. Bossuet avait fait
l'éducation du fils de Louis XIV, Fénelon allait
faire celle de son petit-fils ; mais l'œuvre du
futur archevêque de Cambrai devait nécessai-
rement, dès l'origine, présenter un contraste
presque complet avec l'œuvre de l'évêque
de Meaux. En effet, les deux illustres maîtres
avaient à travailler sur des naturels bien
différents. L'élève de Bossuet, indolent et
doux, exempt de vices et de vertus, indifférent
au bien et au mal, peu sensible à la gloire, ne
s'intéressant ni aux sciences ni aux arts, était
une matière inféconde et molle, indigne de
l'austère et sublime génie de son précepteur.
Aussi Bossuet, composant des chefs-d'œuvre
trop puissants pour un tel disciple, ne descendant
ni dans sa familiarité ni dans son intimité, lui
donnant de haut et à distance un enseignement
trop fort pour sa faiblesse, le laissa sortir de
ses mains incolore et médiocre, tel que la nature
l'avait fait. Au contraire, Fénelon recevait un
élève né avec les germes de grands vices et
d'éclatantes qualités intellectuelles ou morales.
Sans doute il allait avoir à combattre un caractère

indomptable, un orgueil révoltant, des penchants irascibles, des passions violentes, mais en revanche à développer beaucoup d'esprit naturel et une extrême aptitude à acquérir tous les talents et toutes les connaissances.

« M. le duc de Bourgogne, dit Saint-Simon (1), naquit terrible, et sa première jeunesse fit trembler. Dur et colère jusqu'aux derniers emportements, et jusque contre les choses inanimées; impétueux avec fureur, incapable de souffrir la moindre résistance, même des heures et des éléments, sans entrer dans des fougues à faire craindre que tout ne se rompît dans son corps (c'est ce dont j'ai été souvent témoin), opiniâtre à l'excès, passionné pour tous les plaisirs, la bonne chère, la chasse avec fureur, la musique avec une sorte de ravissement, et le jeu encore où il ne pouvait supporter d'être vaincu et où le danger avec lui était extrême; enfin, livré à toutes les passions et transporté de tous les plaisirs; souvent farouche, naturellement porté à la cruauté, barbare en railleries, saisissant les ridicules avec une justesse qui assommait. De la hauteur des cieux, il ne regardait les hommes que comme

(1) *Mémoires*, chap. 322, t. XVIII.

Le duc de Bourgogne enfant.
(Reproduction de la Bibliothèque Nationale.)

des atomes avec qui il n'avait aucune ressem-
blance, quels qu'ils fussent..... L'esprit, la
pénétration brillaient en lui de toutes parts.
Jusque dans ses fureurs, ses réponses étonnaient ;
ses raisonnements tendaient toujours au juste et
au profond, même dans ses emportements. Il se
jouait des connaissances les plus abstraites.
L'étendue et la vivacité de son esprit étaient
prodigieuses et l'empêchaient de s'appliquer à
une seule chose à la fois, jusqu'à l'en rendre
incapable. » Tel était au moral le duc de Bourgogne. Au physique, il avait une figure agréable,
un regard plein d'intelligence, un fin et charmant
sourire ; mais il était petit, pâle, frêle, avait une
épaule contournée qui le rendait légèrement
boiteux, et toute l'apparence d'une nature
délicate et maladive.

Fénelon, dès qu'il se fut chargé de l'éducation du prince, comprit admirablement tout
ce qu'il avait à craindre d'un pareil caractère,
mais aussi tout ce qu'il avait à espérer d'un
esprit si original et d'une âme si énergique : il
aborda son redoutable et séduisant élève, armé
d'une méthode qu'il avait longtemps méditée,
savamment préparée, et qui devait produire de
merveilleux résultats. Il se prescrivit une règle

capitale, « celle d'observer à chaque moment le caractère du jeune prince, de suivre avec une attention calme et patiente toutes les variations et tous les écarts de ce tempérament fougueux, et de faire toujours ressortir la leçon de la faute même. Une pareille éducation devait être en action bien plus qu'en instruction ; l'élève ne pouvait jamais prévoir la leçon qui l'attendait, parce qu'il ne pouvait prévoir lui-même les torts dont il se rendrait coupable par l'emportement de son humeur. Aussi les avis et les reproches étaient toujours le résultat nécessaire et naturel des excès auxquels il s'était abandonné (1). » Pour appliquer avec succès cette méthode, Fénelon fut servi à la fois par les grâces de sa personne et de sa physionomie, par la force pressante et douce de sa parole, par les qualités natives de son caractère, dont le fond consistait dans le besoin et dans l'art de diriger les volontés. « Les belles proportions de ses grands traits et de toute sa personne, le feu de ses yeux, tempéré par une douceur incomparable, sa bouche sérieuse et souriante, qui s'entr'ouvre comme pour laisser son âme se répandre sur tout ce qui l'entoure,

(1) De Bausset, t. 1ᵉʳ, p. 177.

exercent une séduction presque irrésistible (1). »
Il parle avec une abondance insinuante, qui a
une vertu singulière pour calmer les cœurs
troublés ; son éloquence est plus persuasive
encore lorsqu'il cause que lorsqu'il prêche,
parce qu'elle unit dans la simplicité des entretiens ordinaires l'enjouement à l'inspiration.
Son caractère est un mélange extraordinaire de
tendresse et de force, de complaisance et de fermeté, de patience et de souplesse, où l'énergie
se tempère de grâce et l'obstination de cares-
sante habileté ; comme sa physionomie, il ras-
semble tout, et les *contrastes ne s'y combattent
pas* (2).

« Le plus sûr moyen de maîtriser l'enfance
est de l'aimer et de ne la craindre point, de se
dévouer sans s'asservir. Les enfants ont une
stratégie pleine d'artifices, que le sang-froid peut
seul déjouer : céder avec mollesse ou résister
avec emportement, c'est se trahir également à
ces petits regards pénétrants et impitoyables...
Il faut avec eux du caractère et de l'âme : de
l'âme pour les attirer, du caractère pour les
dominer. Ces deux qualités, Fénelon les possédait

(1) Henri Martin, t. XIV, p. 299.
(2) Saint-Simon.

dans un rapport plein d'harmonie ; il en usa pour prendre sur son élève l'ascendant nécessaire (1). » C'est merveille de voir comme il arrive ainsi à conduire le duc de Bourgogne par l'affection et par la raison, à étouffer les germes de ses vices, à développer les facultés heureuses de son cœur, à mêler les deux existences du maître et du disciple au point de n'en plus faire qu'une et d'habituer d'abord l'enfant, et ensuite le jeune homme, à ne sentir et à ne vivre que dans son précepteur. Le cardinal de Bausset et l'abbé Proyart, auteur d'un ouvrage intitulé : *Vie du Dauphin, père de Louis XV*, nous ont transmis sur l'éducation du duc de Bourgogne des renseignements précieux. Lorsque le jeune prince se livre à ses trop fréquents accès de colère, le gouverneur, le précepteur, tous les officiers et tous les domestiques de sa maison se concertent sans affectation pour observer avec lui le plus profond silence. On évite de répondre à ses questions ; on le sert en détournant les regards ; on lui retire ses livres ; on l'abandonne à lui-même. Bientôt il est frappé de cet abandon, il se reproche sa conduite, il vient se jeter aux pieds de Fénelon

(1) Géruzez, *Littérature française*, II, p. 299.

qui le console. Parfois, le duc de Bourgogne semble se défier de lui-même et il appelle l'*honneur* en garantie de ses promesses. On a encore les originaux de deux engagements solennels qu'à l'âge de huit ans il déposait entre les mains de son précepteur.

Un jour, le prince répond à une réprimande de Fénelon par cette phrase impertinente : « *Je sais qui je suis et qui vous êtes !* » Fénelon ne dit pas un seul mot, puis il affecte de ne plus lui parler de la journée. « Le lendemain, à peine le duc de Bourgogne fut éveillé que Fénelon entra chez lui. Il n'avait pas voulu attendre l'heure ordinaire de son travail, afin que ce qu'il avait à lui dire frappât plus fortement l'imagination du prince. Fénelon, lui adressant aussitôt la parole, avec une gravité froide et respectueuse, bien différente de sa manière habituelle, lui dit : « Je ne sais, Monsieur, si vous vous rappelez ce que vous m'avez dit hier : *Que vous saviez ce que vous êtes et ce que je suis ?* Il est de mon devoir de vous apprendre que vous ignorez l'un et l'autre. Vous vous imaginez donc, Monsieur, être plus que moi ? Quelques valets sans doute vous l'auront dit ; et moi, je ne crains pas de vous dire, puisque vous m'y forcez, que je suis plus que vous. Vous com-

prenez assez qu'il n'est pas ici question de la
naissance. Vous regarderiez comme un insensé
celui qui prétendrait se faire un mérite de ce
que la pluie du ciel a fertilisé sa moisson sans
arroser celle de son voisin. Vous ne seriez pas
plus sage, si vous vouliez tirer vanité de votre
naissance, qui n'ajoute rien à votre mérite personnel. Vous ne sauriez douter que je suis au-
dessus de vous par les lumières et les connaissances. Vous ne savez que ce que je vous ai
appris ; et ce que je vous ai appris n'est rien,
comparé à ce qu'il me resterait à vous apprendre.
Quant à l'autorité, vous n'en avez aucune sur moi,
et je l'ai moi-même, au contraire, pleine et
entière sur vous... Vous croyez peut-être que je
m'estime fort heureux d'être pourvu de l'emploi
que j'exerce auprès de vous ; désabusez-vous
encore, Monsieur. Je ne m'en suis chargé que
pour obéir au Roi et nullement pour le pénible
avantage d'être votre précepteur, et, afin que
vous n'en doutiez pas, je vais vous conduire chez
Sa Majesté, pour la supplier de vous en nommer
un autre, dont je souhaite que les soins soient
plus heureux que les miens ! » — Le duc de Bourgogne, que la conduite sèche et froide de son
précepteur, depuis la scène de la veille, et les

réflexions d'une nuit entière, passée dans les regrets et l'anxiété, avaient accablé de douleur, fut atterré par cette déclaration. Il chérissait Fénelon avec la tendresse d'un fils ; et, d'ailleurs, son amour-propre et un sentiment délicat sur l'opinion publique lui faisaient déjà pressentir tout ce que l'on penserait de lui, si un instituteur du mérite de Fénelon se voyait forcé de renoncer à son éducation. Les larmes, les soupirs, la crainte, lui permirent à peine de prononcer ces paroles entrecoupées à chaque instant par des sanglots : « Ah ! Monsieur, je suis désespéré de ce qui s'est passé hier. Si vous parlez au roi, vous me ferez perdre son amitié... Si vous m'abandonnez, que pensera-t-on de moi ? Je vous promets que vous serez content de moi... mais promettez-moi... » — Fénelon ne voulut rien promettre ; il laissa le jeune prince un jour entier dans l'incertitude. Ce ne fut que lorsqu'il eut lieu d'être bien convaincu de la sincérité de son repentir qu'il parut céder à ses nouvelles supplications... (1). »

(1) De Bausset, I, p. 191.

I

Il ne suffisait pas à Fénelon de rompre peu à peu le caractère de son élève par tous ces moyens heureusement combinés ; il se mit, pour instruire cette intelligence devenue disciplinable, à écrire toute une série d'ouvrages, dans lesquels il est facile de suivre la pensée de l'ingénieux précepteur. Aucune besogne ne lui semble au-dessous de lui. Il rédige une sorte de dictionnaire de la langue latine, il compose lui-même des thèmes et des versions, donnant ainsi des modèles à son élève et l'excitant à créer des sujets du même genre avec le seul secours de son imagination. C'est dans une de ces petites compositions scolaires que Fénelon déplore la mort récente de La Fontaine, dont le duc de Bourgogne aimait au plus haut point les vers et le génie.

Le goût du prince pour les fables de La Fontaine engagea Fénelon à lui en faire traduire plusieurs en latin. Bien plus, il se mit à composer lui-même en prose française des fables, qui sont si attachantes qu'on les lit encore volontiers après celles de La Fontaine. Certes Fénelon n'a jamais eu l'ambition de lutter avec un écrivain inimitable. « Cependant il s'en rapproche par l'agrément et le charme du récit, s'il s'en éloigne par le sujet. Fénelon, en effet, ne vise pas à instruire le public ; il n'a pas de public, il n'a qu'un élève. Tout bonhomme qu'il est, La Fontaine a ses préoccupations littéraires ; Fénelon n'a aucune préoccupation de ce genre : il ne veut que faire comprendre à son élève quelques-unes de ces vérités que les princes ont de la peine à se mettre dans l'esprit. Si la fable, dans laquelle il enveloppe la vérité, est gracieuse et piquante, il le faut pour attirer l'attention de l'élève, et, de plus, le génie de Fénelon est si heureux qu'il ne peut rien dire qui n'ait cette grâce simple et ingénue, qui est aussi le propre du génie de La Fontaine (1). » Ces fables, que Fénelon compose en se jouant, se rapportent presque toujours à un fait qui vient de se passer ; elles sont conformes aux leçons qu'il s'agit de donner au jeune prince. On les a imprimées sans y observer un ordre rigoureux, puisque Fénelon ne les écrivait que pour la circonstance et pour le moment ; mais il est aisé « d'en suivre, pour ainsi dire, la chro-

______

(1) Saint-Marc-Girardin.

nologie, en les comparant au progrès que l'âge et l'instruction devaient amener dans l'éducation du duc de Bourgogne (1). »

L'ouvrage de Fénelon forme un total de trente-neuf fables, qu'on peut grouper en trois espèces distinctes selon les traits caractéristiques qui font comme l'air et la physionomie de chacune d'elles. Le premier groupe est celui des fables qui sont des récits enfantins destinés à éveiller une toute jeune intelligence sans la fatiguer. Pour faire comprendre au duc de Bourgogne que la patience corrige bien des défauts, Fénelon lui raconte l'histoire d'une ourse qui avait un petit horriblement laid, et qui, en le léchant longtemps, le rend joli et propre à lui faire honneur. Pour le prémunir contre l'orgueil et la colère, il invente la querelle entre l'abeille et la mouche.

« Un jour, une abeille aperçoit une mouche auprès de sa ruche. « Que viens-tu faire ici ? lui dit-elle d'un ton furieux. Vraiment, c'est bien à toi, vil animal, à te mêler avec les reines de l'air. — Tu as raison, répondit froidement la mouche ; on a toujours tort de s'approcher d'une nation aussi fougueuse que la vôtre. — Rien n'est plus sage que nous, dit l'abeille : nous seules avons des lois et

(1) De Bausset, I, p. 176.

une république bien policée ; nous ne broutons que des fleurs odoriférantes, nous ne faisons que du miel délicieux. Ote-toi de ma présence, vilaine mouche importune, qui ne fais que bourdonner et chercher ta vie sur des ordures ! — Nous vivons comme nous pouvons, répondit la mouche : la pauvreté n'est pas un vice, mais la colère en est un grand. Vous faites du miel qui est doux, mais votre cœur est toujours amer ; vous êtes sage dans vos lois, mais emportées dans votre conduite. Votre colère, qui pique vos ennemis, vous donne la mort, et votre folle cruauté vous fait plus de mal qu'à personne. *Il vaut mieux avoir des qualités moins éclatantes avec plus de modération.* »

Le jeune mouton sans expérience, qui se laisse attirer hors de la bergerie par les flatteuses paroles d'un loup et devient la proie de cet hypocrite, apprend au duc de Bourgogne à se défier des gens qui se vantent d'être vertueux, et à les juger par leurs actions, non par leurs discours.

« Des moutons étaient en sûreté dans leur parc ; les chiens dormaient ; et le berger, à l'ombre d'un grand ormeau, jouait de la flûte avec d'autres bergers voisins. Un loup affamé vint, par les fentes de l'enceinte, reconnaître l'état du troupeau. Un jeune mouton sans expérience, et qui n'avait jamais rien vu, entra en conversation avec lui. « Que venez-vous chercher ici ? dit-il au glouton. — L'herbe tendre et fleurie, répondit le loup. Vous savez que rien n'est plus doux que de paitre dans une verte prairie émaillée de fleurs, pour apaiser la faim, et d'aller éteindre sa soif dans un clair ruisseau : j'ai trouvé ici l'un et l'autre. Que faut-il davantage? J'aime la philosophie qui enseigne à se contenter de peu. — Est-il donc vrai, répartit le jeune mouton, que vous ne mangez point la chair des animaux et qu'un peu d'herbe vous suffit? Si cela est, vivons comme frères et paissons ensemble. » Aussitôt le mouton sort du parc dans la prairie, où le sobre philosophe le mit en pièces et l'avala. »

S'il se livre à la curiosité, qu'il songe à ce renard des montagnes d'Aragon, qui, ayant vieilli dans la finesse, prend la folle envie d'aller voir en Castille l'Escurial, remplit son désir, et, pendant qu'il regarde les merveilles qui s'offrent à ses yeux, est étranglé par les chiens du palais.

« Un renard des montagnes d'Aragon, ayant vieilli dans la finesse, voulut donner ses derniers jours à la curiosité. Il prit le dessein d'aller voir en Castille le fameux Escurial, qui est le palais des rois d'Espagne, bâti par Philippe II. En arrivant il fut surpris, car il était peu accoutumé à la magnificence; jusqu'alors, il n'avait vu que son terrier et le poulailler d'un fermier voisin, où il était d'ordinaire assez mal reçu. Il voit là des colonnes de marbre, là des portes d'or, des bas-reliefs de diamants. Il entra dans plusieurs chambres, dont les tapisseries étaient admirables : on y voyait des chasses, des combats, des fables où les dieux se jouaient parmi les hommes, enfin l'histoire

de don Quichotte, où Sancho, monté sur son grison,
allait gouverner l'île que le duc lui avait confiée. Puis
il aperçut des cages où l'on avait renfermé des lions
et des léopards. Pendant que le renard regardait ces
merveilles, deux chiens du palais l'étranglèrent. Il se
trouva mal de sa curiosité. »

S'il est tenté d'être paresseux ou gourmand,
qu'il craigne le sort de ce lionceau, qui, né pour
la gloire et pour la royauté, se laisse conduire à
la cour du grand Mogol, et, amolli par les délices
d'une luxueuse captivité, passe sa vie dans de
honteuses et inactives voluptés.

« Deux lionceaux avaient été nourris ensemble dans
la même forêt ; ils étaient de même âge, de même taille,
de même force. L'un fut pris dans de grands filets à
une chasse du grand Mogol ; l'autre demeura dans
des montagnes escarpées. Celui qu'on avait pris fut
mené à la cour, où il vivait dans les délices : on lui
donnait chaque jour une gazelle à manger ; il n'avait
qu'à dormir dans une loge où on avait soin de le faire
coucher mollement. Un eunuque blanc avait soin de
peigner deux fois le jour sa longue crinière dorée ;
comme il était apprivoisé, le roi lui-même le caressait
souvent. Il était gras, poli, de bonne mine et magnifique, car il portait un collier d'or, et on lui mettait aux oreilles des pendants garnis de perles et de
diamants : il méprisait tous les autres lions qui étaient
dans les loges voisines et qui n'étaient pas en faveur
comme lui. Ces prospérités lui enflèrent le cœur ; il

crut être un grand personnage, puisqu'on le traitait
si honorablement. La cour où il brillait lui donna le
goût de l'ambition ; il s'imaginait qu'il aurait été un
héros s'il eût habité les forêts. Un jour, comme on ne
l'attachait plus à sa chaine, il s'enfuit du palais et
retourna dans le pays où il avait été nourri. Alors le
roi de toute la nation lionne venait de mourir, et on
avait assemblé les États pour lui choisir un succes-
seur. Parmi beaucoup de prétendants, il y en avait un
qui effaçait tous les autres par sa fierté et par son
audace ; c'était cet autre lionceau, qui n'avait point
quitté les déserts, pendant que son compagnon avait
fait fortune à la cour. Le solitaire avait souvent aiguisé son courage par une cruelle faim ; il était accoutumé à ne se nourrir qu'au travers des plus grands
périls et par des carnages ; il déchirait et troupeaux
et bergers. Il était maigre, hérissé, hideux : le feu et
le sang sortaient de ses yeux ; il était léger, nerveux,
accoutumé à grimper, à s'élancer, intrépide, contre
les épieux et les dards. Les deux anciens compagnons
demandèrent le combat pour décider qui régnerait.
Mais une vieille lionne, sage et expérimentée, dont
toute la république respectait les conseils, fut d'avis
de mettre d'abord sur le trône celui qui avait étudié
la politique à la cour. Bien des gens murmuraient,
disant qu'elle voulait qu'on préférât un personnage
vain et voluptueux à un guerrier qui avait appris dans
la fatigue et dans les périls à soutenir les grandes
affaires. Cependant l'autorité de la vieille lionne pré-
valut : on mit sur le trône le lion de cour. D'abord
il s'amollit dans les plaisirs ; il n'aima que le faste ;
il usait de souplesse et de ruse pour cacher sa cruauté
et sa tyrannie. Bientôt il fut haï, méprisé, détesté.

Alors la vieille lionne dit : « Il est temps de le détrôner.
Je savais bien qu'il était indigne d'être roi ; mais je
voulais que vous en eussiez un gâté par la mollesse
et par la politique, pour vous faire mieux sentir ensuite le prix d'un autre qui a mérité la royauté par
sa patience et par sa valeur. C'est maintenant qu'il
faut les faire combattre l'un contre l'autre. » Aussitôt
on les met dans un champ clos, où les deux cham-
pions servirent de spectacle à l'assemblée. Mais le
spectacle ne fut pas long, le lion amolli tremblait et
n'osait se présenter à l'autre : il fuit honteusement,
et se cache ; l'autre le poursuit et lui insulte. Tous s'é-
crièrent : « Il faut l'égorger et le mettre en pièces. —
Non, non, répondit-il ; quand on a un ennemi si lâche,
il y aurait de la lâcheté à le craindre. Je saurai bien
régner sans m'embarrasser de le tenir soumis. » En
effet, le vigoureux lion régna avec sagesse et autorité.
L'autre fut très content de lui faire bassement sa
cour, d'obtenir de lui quelques morceaux de chair,
et de passer sa vie dans une oisiveté honteuse. »

A mesure que le duc de Bourgogne grandit
en âge et en instruction, le caractère des fables
s'élève : Fénelon aime à y introduire les souvenirs historiques et de nombreuses allusions à la
mythologie. S'il veut mettre son élève en garde
contre la vantardise, il lui fait voir un lièvre, qui
se déclare le favori de Mars et de Bellone, défie
Hercule en combat singulier, et tremble à l'aspect d'un petit chien comme tremblait Pâris,

quand il aperçut Ménélas à la tête des batail-
lons grecs, sous les murs de Troie.

« Un lièvre, qui était honteux d'être poltron, cherchait quelque occasion de s'aguerrir. Il allait quelquefois par un trou d'une haie dans les choux du jardin
d'un paysan, pour s'accoutumer au bruit du village.
Souvent même il passait assez près de quelques mâ-
tins qui se contentaient d'aboyer après lui. Au
retour de ces grandes expéditions, il se croyait plus
redoutable qu'Alcide après tous ses travaux. On dit
même qu'il ne rentrait dans son gite qu'avec des
feuilles de laurier et faisait l'ovation. Il vantait ses
prouesses à ses compères les lièvres voisins. Il re-
présentait les dangers qu'il avait courus, les alarmes
qu'il avait données aux ennemis, les ruses de guerre
qu'il avait faites en expérimenté capitaine, et surtout
son intrépidité héroïque. Chaque matin, il remerciait
Mars et Bellone de lui avoir donné des talents et un
courage pour dompter toutes les nations à longues
oreilles. Jean Lapin, discourant un jour avec lui, lui
dit d'un ton moqueur : « Mon ami, je te voudrais voir
avec cette belle fierté au milieu d'une meute de chiens
courants. Hercule fuirait bien vite et ferait une laide
contenance. — Moi, répondit notre preux chevalier, je
ne reculerais pas, quand toute la gent chienne vien-
drait m'attaquer. » A peine eut-il parlé qu'il entendit
un petit tournebroche d'un fermier voisin, qui gla-
pissait dans les buissons assez loin de lui. Aussitôt il
tremble, il frissonne, il a la fièvre, ses yeux se trou-
blent comme ceux de Pâris quand il vit Ménélas qui
venait ardemment contre lui. Il se précipite d'un

rocher escarpé dans une profonde vallée, où il pensa
se noyer dans un ruisseau. Jean Lapin, le voyant
faire le saut, s'écria de son terrier : « Le voilà ce foudre
de guerre! le voilà cet Hercule qui doit purger la
terre de tous les monstres dont elle est pleine! »

Si le duc de Bourgogne n'apporte pas assez
d'exactitude à ses études et de soin à ses devoirs,
Fénelon le peint à lui-même sous la figure du
jeune Bacchus, peu fidèle aux leçons de Silène,
et dont un Faune moqueur relève toutes les fautes
en riant :

« Comme Bacchus ne pouvait souffrir un rieur malin
toujours prêt à se moquer de ses expressions, si
elles n'étaient pas pures et élégantes, il lui dit d'un
ton fier et impatient : « Comment oses-tu te moquer
du fils de Jupiter ? » Le faune répondit sans s'émou-
voir : « Hé! comment le fils de Jupiter ose-t-il faire
quelque faute ? »

On peut placer dans un second groupe quelques fables, qui ne sont guère des apologues que
par le nom : ce sont des morceaux critiques
d'une rare pénétration, des portraits d'une touche
vive et légère, des compositions fines et mor-
dantes, qui rappellent l'observation et la manière
de La Bruyère. Telle est la pièce intitulée *Le
Fantasque*, peinture admirable de couleur et de

vie, dans laquelle le duc de Bourgogne fut obligé de lire la fidèle histoire de ses inégalités et de ses emportements :

« Qu'est-il donc arrivé de funeste à Mélanthe ? Rien au dehors, tout au dedans... Il se coucha hier les délices du genre humain ; ce matin, on est honteux pour lui, il faut le cacher. En se levant, le pli d'un chausson lui a déplu ; toute la journée sera orageuse, et tout le monde en souffrira. Il fait peur, il fait pitié, il pleure comme un enfant, il rugit comme un lion. Une vapeur maligne et farouche trouble et noircit son imagination, comme l'encre de son écritoire barbouille ses doigts. N'allez pas lui parler des choses qu'il aimait le mieux il n'y a qu'un moment ; pour la raison qu'il les a aimées, il ne saurait plus les souffrir. Les parties de divertissement qu'il a tant désirées lui deviennent ennuyeuses, il faut les rompre. Il cherche à contredire, à se plaindre, à piquer les autres ; il s'irrite de voir qu'ils ne veulent pas se fâcher... Quand il manque de prétexte pour attaquer les autres, il se tourne contre lui-même ; il se blâme, il ne se trouve bon à rien, il se décourage. Il veut être seul, et il ne peut supporter la solitude ; il revient à la compagnie, et il s'aigrit contre elle. On se tait ; ce silence affecté le choque. On parle tout bas ; il s'imagine que c'est contre lui. On parle tout haut ; il trouve qu'on parle trop et qu'on est trop gai pendant qu'il est triste. On est triste ; cette tristesse lui paraît un reproche de ses fautes. On rit ; il soupçonne qu'on se moque de lui. Que faire ? Être

aussi ferme et aussi patient qu'il est insupportable,
et attendre qu'il revienne demain aussi sage qu'il
l'était hier. Cette humeur change, s'en va comme
elle vient. Quand elle le prend, on dirait que c'est
un ressort de machine qui se démonte tout à coup,
il est comme on dépeint les possédés ; sa raison
est comme à l'envers; c'est la déraison elle-même
en personne... Gardez-vous bien de dire : Demain
nous irons nous divertir dans un tel jardin ;
l'homme d'aujourd'hui ne sera point celui de demain ; celui qui vous promet maintenant disparai-
tra tantôt ; vous ne saurez plus où le prendre pour
le faire souvenir de sa parole; en sa place, vous
trouverez un je ne sais quoi, qui n'a ni forme ni
nom, qui n'en peut avoir et que vous ne saurez
définir deux instants de suite de la même manière...
Ce je ne sais quoi veut et ne veut pas ; il menace,
il tremble, il mêle des hauteurs ridicules avec des
bassesses indignes. Il pleure, il rit; il badine, il
est furieux. Dans sa fureur la plus bizarre et la
plus insensée, il est plaisant, éloquent, subtil, plein
de tours nouveaux, quoiqu'il ne lui reste pas seulement une ombre de raison. Prenez bien garde de
ne rien lui dire qui ne soit juste, précis et exactement raisonnable; il saurait bien en prendre avantage et vous donner adroitement le change ; il pas-
serait d'abord de son tort au vôtre et deviendrait
raisonnable pour le seul plaisir de vous convaincre
que vous ne l'êtes pas... On le persécute, on le
trahit, il ne doit rien à qui que ce soit. Mais attendez un moment, voici une autre scène : il a besoin
de tout le monde, il aime, on l'aime aussi, il flatte,
s'insinue, il ensorcelle tous ceux qui ne pouvaient

plus le souffrir; il avoue son tort; il rit de ses bizarreries, il se contrefait, et vous croiriez que c'est lui-même dans ses accès d'emportement, tant il se contrefait bien. Après cette comédie, jouée à ses propres dépens, vous croyez bien qu'au moins il ne fera plus le démoniaque. Hélas ! vous vous trompez ; il le fera encore ce soir pour s'en moquer demain sans se corriger ! »

A côté de cette satire si aisée et si naturelle des écarts du jeune prince il convient de placer la lettre que Fénelon imagina de lire en sa présence et qu'il supposait écrite par Bayle (1), au sujet d'une prétendue médaille découverte en Hollande :

« Cette médaille représente un enfant d'une figure très belle et très noble. On voit Pallas qui le couvre de son égide; les trois Grâces sèment son chemin de fleurs; Apollon, suivi des Muses, lui offre sa lyre ; Vénus parait en l'air, qui laisse tomber sur lui sa ceinture ; la Victoire lui montre d'une main un char de triomphe, et de l'autre lui présente une couronne.... Le revers est bien différent. Il est manifeste que c'est le même enfant; car on reconnait d'abord le même air de tête. Mais il n'a autour de lui que des masques grotesques et hideux, des reptiles venimeux, comme des vipères et des serpents, des insectes... des satyres impudents et moqueurs, qui rient et qui montrent du

(1) Savant philosophe français (1647-1706).

doigt la queue d'un serpent monstrueux, par où finit le corps de ce bel enfant... Les savants se trouvent partagés sur l'explication de cette médaille. Quelques-uns soutiennent qu'elle réprésente Caligula, qui, étant fils de Germanicus, avait donné, dans son enfance, de hautes espérances pour le bonheur de l'empire, mais qui, dans la suite, devint un monstre. D'autres veulent que tout ceci ait été fait pour Néron, dont les commencements furent si heureux et la fin si horrible. Les uns et les autres conviennent qu'il s'agit d'un jeune prince éblouissant, qui promettait beaucoup et dont toutes les espérances ont été trompeuses. Mais il y en a d'autres, plus défiants, qui ne croient pas que cette médaille soit antique... Ils s'imaginent y voir l'emblème de grandes espérances changées en de grands malheurs ; il semble qu'on affecte de faire entrevoir malignement quelque jeune prince, dont on tâche de rabaisser les bonnes qualités par les défauts qu'on lui impute. »

Un troisième groupe comprend de petits poèmes moraux, dont la tendance est parfois singulièrement hardie. Telle est la fable intitulée : *Le Nil et le Gange.* Les deux fleuves, jaloux l'un de l'autre, se présentent à Neptune et disputent devant lui le premier rang. Le dieu de la mer donne la préférence au Gange, parce qu'une tendre compassion pour l'humanité vexée et souffrante éclate dans ses paroles. Voici, en effet, l'éloquente péroraison de son discours :

« Les Indiens, comme les Égyptiens, ont aussi leurs antiquités, leurs métamorphoses, leurs fables; mais ce qu'ils ont de plus qu'eux, ce sont d'illustres gymnosophistes (1), des philosophes éclairés. Qui de vos prêtres si renommés pouvez-vous comparer au fameux Pilpay (2)? Il a enseigné aux princes les principes de la morale et l'art de gouverner avec justice et bonté. Ses apologues ingénieux ont rendu son nom immortel; on les lit, mais on n'en profite guère dans les États que j'enrichis. Et ce qui fait notre honte à tous deux, c'est que nous ne voyons sur nos bords que des princes malheureux, parce qu'ils n'aiment que les plaisirs et une autorité sans bornes, c'est que nous ne voyons dans les plus belles contrées du monde que des peuples misérables, parce qu'ils sont presque tous esclaves, presque tous victimes des volontés arbitraires et de la cupidité insatiable des maîtres qui les gouvernent ou plutôt qui les écrasent. A quoi me servent donc et l'antiquité de mon origine, et l'abondance de mes eaux, et tout le spectacle des merveilles que j'offre au navigateur? Je ne veux ni les honneurs ni la gloire de la préférence, tant que je ne contribuerai pas plus au bonheur de la multitude, tant que je ne servirai qu'à entretenir la mollesse ou l'avidité de quelques tyrans fastueux et inappliqués. Il n'y a rien de grand, rien d'estimable, que ce qui est utile au genre humain. »

(1) Anciens philosophes indiens qui allaient presque nus.
(2) On appelle Fables de Pilpay ou Bidpaï un recueil d'apologues orientaux.

A ces poèmes d'une si généreuse philosophie
il faut joindre des contes de fées, dont la grâce
souriante enveloppe toujours une sérieuse leçon.
Fénelon veut-il enseigner à son élève que le bonheur est préférable à la puissance et qu'il est à
la portée de tous les hommes, quelle que soit
leur condition ? Il lui raconte l'*histoire d'une vieille
reine et d'une jeune paysanne :*

« Il était une fois une reine si vieille, si vieille qu'elle
n'avait plus ni dents ni cheveux ; sa tête branlait
comme les feuilles que le vent remue ; elle ne voyait
goutte même avec ses lunettes ; le bout de son nez et
celui de son menton se touchaient ; elle était rapetis-
sée de la moitié, et toute en un peloton, avec le dos si
courbé qu'on aurait cru qu'elle avait toujours été
contrefaite. Une fée, qui avait assisté à sa naissance, l'aborda et lui dit : « Voulez-vous rajeunir ?
— Volontiers, répondit la reine, je donnerais tous
mes joyaux pour n'avoir que vingt ans. — Il faut
donc, continua la fée, donner votre vieillesse à
quelque autre, dont vous prendrez la jeunesse et
la santé. A qui donnerons-nous vos cent ans ? »
La reine fit chercher partout quelqu'un qui voulut
être vieux pour la rajeunir. Il vint beaucoup de
gueux, qui voulaient vieillir pour être riches ; mais,
quand ils avaient vu la reine tousser, cracher,
râler, vivre de bouillie, être sale, hideuse, puante,
souffrante, et radoter un peu, ils ne voulaient plus
se charger de ses années ; ils aimaient mieux men-
dier et porter des haillons. Il venait aussi des

ambitieux, à qui elle promettait de grands rangs et de grands honneurs. Mais que faire de ces rangs? disaient-ils après l'avoir vue. Enfin il se présenta une jeune fille de village, belle comme le jour, qui demanda la couronne pour prix de sa jeunesse : elle se nommait Péronnelle. La reine s'en fâcha d'abord; mais que faire? à quoi sert-il de se fâcher? Elle voulait rajeunir. « Partageons, dit-elle à Péronnelle, mon royaume; vous en aurez une moitié et moi l'autre : c'est bien assez pour vous qui êtes une petite paysanne. — Non, répondit la fille, ce n'est pas assez pour moi ; je veux tout. Laissez-moi mon bavolet avec mon teint fleuri, je vous laisserai vos cent ans avec vos rides et la mort qui vous talonne. — Mais aussi, répondit la reine, que ferais-je, si je n'avais plus de royaume? — Vous ririez, vous danseriez, vous chanteriez comme moi, lui dit cette fille. » En parlant ainsi, elle se mit à rire, à danser et à chanter. La reine, qui était bien loin d'en faire autant, lui dit : « Que feriez-vous en ma place? Vous n'êtes point accoutumée à la vieillesse. — Je ne sais pas, dit la paysanne, ce que je ferais; mais je voudrais bien l'essayer ; car j'ai toujours ouï dire qu'il est beau d'être reine. » Pendant qu'elles étaient en marche, la fée survint, qui dit à la paysanne : « Voulez-vous faire votre apprentissage de vieille reine pour savoir si ce métier vous accommodera? — Pourquoi non? dit la fille. » A l'instant, les rides couvrent son front; ses cheveux blanchissent; elle devient grondeuse et rechignée; sa tête branle et toutes ses dents aussi; elle a déjà cent ans. La fée ouvre une petite boîte, et en tire

une foule d'officiers et de courtisans richement
vêtus, qui croissent à mesure qu'ils en sortent et
qui rendent mille respects à la nouvelle reine. On
lui sert un grand festin, mais elle est dégoûtée et
ne saurait mâcher..... Cependant la véritable reine
était dans un coin, qui riait et qui commençait à
devenir jolie; ses cheveux revenaient et ses dents
aussi; elle reprenait un bon teint frais et vermeil;
elle se redressait avec mille petites façons; mais
elle était crasseuse, court vêtue et faite comme un
petit torchon qui a traîné dans les cendres. Les
gardes, la prenant pour quelque servante de cui-
sine, voulaient la chasser du palais. Alors Péronnelle lui dit : « Vous voilà bien embarrassée de
n'être plus reine, et moi encore davantage de l'être.
Tenez, voilà votre couronne, rendez-moi ma cotte
grise. » L'échange fut aussitôt fait, et la reine de
revieillir et la paysanne de rajeunir. A peine le
changement fut fait que toutes deux s'en repen-
tirent; mais il n'était plus temps. La fée les con-
damna à demeurer chacune dans sa condition. La
reine pleurait tous les jours. Dès qu'elle avait mal
au bout du doigt, elle disait : « Hélas ! si j'étais
Péronnelle, à l'heure que je parle je serais logée
dans une chaumière et je vivrais de châtaignes; je
danserais sous l'orme avec les bergers au son de la
flûte. Que me sert d'avoir un beau lit, où je ne fais
que souffrir, et tant de gens, qui ne peuvent me soulager? » Ce chagrin augmenta ses maux. Les méde-
cins, qui étaient sans cesse autour d'elle, les aug-
mentèrent aussi; enfin elle mourut au bout de
deux mois. Péronnelle faisait une danse ronde le
long d'un clair ruisseau avec ses compagnes, quand

elle apprit la mort de la reine. Alors elle reconnut qu'elle avait été plus heureuse que sage d'avoir perdu la royauté. La fée revint la voir et lui donna à choisir de trois maris : l'un vieux, chagrin, désagréable, mais riche, puissant et très grand seigneur ; l'autre bien fait, doux, commode, aimable et d'une grande naissance, mais pauvre et malheureux en tout ; le dernier, paysan comme elle, qui ne serait ni beau ni laid, qui ne l'aimerait ni trop ni trop peu, qui ne serait ni riche ni pauvre. Elle ne savait lequel prendre ; car naturellement elle aimait fort les beaux habits, les équipages et les grands honneurs. Mais la fée lui dit : « Allez, vous êtes une sotte. Voyez-vous ce paysan ? Voilà le mari qu'il vous faut. Vous aimeriez trop le second ; vous seriez trop aimée du premier : tous deux vous rendraient malheureuse ; c'est bien assez que le troisième ne vous batte pas. Il vaut mieux danser sur l'herbe ou sur la fougère que dans un palais, et être Péronnelle au village qu'une dame malheureuse dans le beau monde. Pourvu que vous n'ayez aucun regret aux grandeurs, vous serez heureuse avec votre laboureur toute votre vie. »

On le voit, ces utiles leçons, si ingénieuses et si variées, s'adressent toutes à un prince que le trône attend. Elles sont toujours nettes et précises, souvent sévères. Mais Fénelon, de peur que son élève n'éprouve quelque dégoût pour un genre d'instruction qui ne lui rappellerait que des fautes et des reproches, sait mêler aux

traits peu flatteurs et aux images affligeantes
les vœux les plus tendres, les éloges les plus
délicats, les encouragements et les espoirs les
plus nobles. C'est ainsi qu'il suppose que le
soleil lui-même respecte le sommeil du jeune
prince pour rafraîchir son sang et lui donner la
force et la santé. Ailleurs, dans un style aussi
doux que la voix des oiseaux les plus harmo-
nieux, il imagine un chant alterné du rossignol
et de la fauvette appelant les souhaits de la
nature entière sur le prince promis à de si
brillantes destinées :

« Que ce jeune héros croisse en vertu comme une
fleur que le printemps fait éclore ! Qu'il aime les
jeux de l'esprit ! Que les Grâces soient sur ses
lèvres ! Que la sagesse de Minerve règne dans son
cœur !

Qu'il égale Orphée par les charmes de sa voix,
et Hercule par ses hauts faits ! Qu'il porte dans son
cœur l'audace d'Achille sans en avoir la férocité !
Qu'il soit bon, qu'il soit sage, bienfaisant, tendre
pour les hommes, et aimé d'eux !... »

II

Fénelon continue dans ses *Dialogues des Morts*
la méthode qu'il a employée avec tant de succès

dans ses *Fables*. A mesure que le duc de Bourgogne avance dans la connaissance des auteurs et des faits historiques, il compose ces dialogues destinés à lui mettre successivement sous les yeux les principaux personnages qui ont marqué, dans tous les temps et dans tous les pays, sur la scène du monde, à fixer l'opinion du jeune prince sur leur mérite réel, à empêcher que son jugement ne se laisse surprendre par cette espèce d'éclat qu'une grande célébrité répand sur la mémoire des hommes fameux (1).

C'est aux anciens Grecs que Fénelon emprunte la forme de ces dialogues; car c'est là un genre qui remonte presque aussi haut que la fable, avec laquelle il a beaucoup d'analogie. Puisqu'on avait imaginé de donner la parole aux bêtes, pourquoi ne l'aurait-on pas rendue aux morts, de telle sorte que, dans des entretiens satiriques, sous prétexte de causer de leurs affaires, ils vinssent dire leur fait aux vivants? Au deuxième siècle de notre ère la verve brillante de Lucien (2) donne aux dialogues des Morts une forme nette et précise, qui crée le modèle classique du genre. Ce que l'implacable

(1) De Bausset, I, p. 236.
(2) Ecrivain grec, moraliste et satirique, mort en 120.

moqueur veut surtout dépeindre, c'est le passage
de la vie à la mort et la leçon d'égalité que les
hommes doivent en tirer. Dans son ouvrage,
Alexandre et Cyrus regrettent la puissance
qu'ils ont perdue, Crésus ses trésors, Sardana-
pale ses délices, Hélène sa beauté. Puis, mêlés
à ces héros de la légende et de l'histoire, des
personnages imaginaires raillent, grimacent, se
lamentent : philosophes trahissant par leurs
plaintes la fausse fermeté de leur âme et les
mensonges de leurs livres, riches et grands de
la terre pleurant leur opulence et leurs honneurs disparus, jeunes gens se désolant d'avoir
devancé aux enfers les vieillards dont ils con-
voitaient l'héritage.

Les écrivains français qui composent des
dialogues à la façon de Lucien choisissent de
préférence des personnages historiques causant
à cœur ouvert des événements dont ils ont été
les acteurs ou les témoins. « Ils sont même
assez bien au courant de ce qui s'est passé dans
le monde, depuis qu'ils l'ont quitté, et ne se
croient pas tenus, par scrupule de fidélité, de
régler exactement leurs jugements et leur langage sur le temps où ils ont vécu. Ils sont assez
dégagés de leurs passions pour faire sur eux-

mêmes des révélations curieuses, pas assez pour n'être point facilement reconnaissables ; et, comme de toutes les faiblesses la vanité est celle qui nous tient le plus au cœur, ils débattent souvent entre eux des questions de prééminence sur lesquelles il est rare qu'ils tombent d'accord (1). »

En 1664, Boileau écrit un malicieux dialogue des morts où il fait figurer tous les héros pédantesques et précieux des romans à la mode. Après lui, en 1683, Fontenelle commence à établir sa renommée littéraire et philosophique par ses dialogues des morts. Puis viennent ceux de Fénelon. Autant la recherche du paradoxe, le goût des surprises piquantes, l'affectation du bel esprit se font sentir dans les dialogues de Fontenelle et jusque dans le choix des interlocuteurs, qui, toujours opposés deux à deux, ressemblent à des abstractions plus qu'à des hommes, autant il y a de naturel dans ceux de Fénelon. Écrits au jour le jour et selon l'occasion, pour faire passer sous les yeux du duc de Bourgogne d'utiles enseignements, ils nous permettent, comme les fables, de suivre les

(1) Galusky et Roger, préface de leur édition, 1854.

progrès de l'intelligence et de la raison du prince.

Dans un premier dialogue, dont les interlocuteurs sont Mercure et Charon, Fénelon se moque fort spirituellement de l'humeur fantasque de son élève, et peu à peu, élevant le ton et le style, il explique comment ceux qui sont préposés à l'éducation des princes doivent travailler à corriger leurs vices naissants et à leur inspirer les vertus de leur état. Puis il s'efforce, par l'exemple d'Achille, de réprimer la fougue d'un caractère si difficile à dompter. Le fils de Thétis dit à son maître, le centaure Chiron :

« La jeunesse serait charmante, si on pouvait la rendre modérée et capable de réflexion. Toi, qui connais tant de remèdes, n'en as-tu point quelqu'un pour guérir cette fougue, ce bouillon du sang, plus dangereux qu'une fièvre ardente ? — Le remède, répond Chiron, est de se craindre soi-même, de croire les gens sages, de les appeler à son secours, de profiter de ses fautes passées pour prévoir celles qu'il faut éviter à l'avenir, et d'invoquer souvent Minerve, dont la sagesse est au-dessus de la valeur emportée de Mars. »

Cette pensée est reprise, sous une forme plus développée, dans plusieurs dialogues, dont le but est de montrer que la gloire des princes sages et amis de la paix est supérieure à la gloire des conquérants. Ainsi le bouillant Achille est placé au-dessous du prudent Ulysse, et Romulus au-dessous de Numa, qui lui dit :

« J'ai toujours vécu pauvre, simple et modéré dans la royauté, sans me préférer à aucun citoyen. Tous les peuples, non seulement des environs de Rome, mais encore de l'Italie, ont senti l'abondance que j'ai répandue partout. Le labourage mis en honneur a adouci les peuples farouches.... Si je n'ai pas su faire la guerre comme vous, j'ai su l'éviter; j'ai donné aux Romains des lois qui, en les rendant justes, laborieux, sobres, les rendront toujours assez redoutables à ceux qui voudraient les attaquer. »

Léonidas démontre à Xerxès que le patriotisme et la sagesse rendent les États invincibles, et non pas le grand nombre des sujets, ni l'autorité sans bornes des princes. Solon prouve à Pisistrate que la tyrannie est souvent plus funeste aux souverains qu'aux peuples, et Platon à Denys, qu'un prince ne peut trouver de véritable bonheur que dans l'amour de ses sujets. Aristote explique éloquemment à son élève Alexandre que, quelque grandes que soient les qualités naturelles d'un jeune prince, il a tout à craindre, s'il n'éloigne les flatteurs. César apprend de Caton

que le pouvoir despotique, loin d'assurer le repos
et l'autorité des rois, les rend malheureux, et
entraîne inévitablement leur ruine. Caligula et
Néron entrent en scène pour montrer au duc de
Bourgogne les dangers du pouvoir absolu dans
un souverain qui a la tête faible; Henri VIII.
pour lui faire voir les funestes effets de l'amour;
Louis XI, les malheurs où tombe un roi ombrageux et soupçonneux.

Fénelon choisit volontiers les héros de ses
dialogues dans l'histoire de France, et il
s'exprime sur les rois qui furent les ancêtres
de son élève avec une liberté de pensée et une
indépendance de jugement admirables. Louis XI,
par exemple, est à plusieurs reprises l'objet de
ses critiques sévères. S'il lui reconnaît de la
pénétration, du courage, de la ressource dans
l'esprit, des talents pour gagner les hommes et
pour accroître son autorité, il fait ressortir en
des termes énergiques ses visions noires, ses
emportements furieux, ses fourberies, ses
cruautés. Il suppose que Louis XI rencontre
dans les enfers son ancien ministre infidèle, le
cardinal La Balue, et qu'il lui reproche ses tra-
hisons. La Balue répond dans une verte harangue
qu'un prince hypocrite et méchant rend ses

sujets fourbes et traîtres. Ailleurs, c'est Charles
le Téméraire qui rappelle à Louis XI ses ruses
et ses artifices; plus loin, c'est le bon roi
Louis XII qui lui soutient que la générosité et
la bonne foi sont de plus sûres maximes en politique que la cruauté et l'hypocrisie; enfin, c'est
Philippe de Commines qui revendique hautement
les droits de l'histoire et de la postérité, et qui
proclame que les faiblesses et les crimes des
rois ne sauraient être cachés :

LOUIS.

On dit que vous avez écrit mon histoire.

COMMINES.

Il est vrai, Sire, et j'ai parlé en bon domestique.

LOUIS.

Mais on assure que vous avez raconté bien des
choses dont je me passerais volontiers.

COMMINES.

Cela peut être; mais, en gros, j'ai fait de vous un
portrait fort avantageux. Voudriez-vous que j'eusse
été un flatteur perpétuel, au lieu d'être un historien?

avez parlé du crédit de mon prévôt, de mon méde-
cin, de mon barbier et de mon tailleur; vous avez
étalé mes vieux habits. On dit que vous n'avez pas
oublié mes petites dévotions, surtout à la fin de
mes jours, mon empressement à ramasser des
reliques, à me faire frotter, depuis la tète jusqu'aux
pieds, de l'huile de la sainte ampoule, et à faire
des pèlerinages où je prétendais toujours avoir été
guéri. Vous avez fait mention de ma barrette,
chargée de petits saints, et de ma petite Notre-Dame
de plomb, que je baisais, dès que je voulais faire
un mauvais coup. Tout cela est fort ridicule.

COMMINES.

Tout cela n'est-il pas vrai? Pouvais-je le taire?

LOUIS.

Vous pouviez n'en rien dire.

COMMINES.

Vous pouviez n'en rien faire.

LOUIS.

Mais cela était fait, et il ne fallait pas le dire.

COMMINES.

Mais cela était fait, et je ne le pouvais cacher à
la postérité.

Philippe de Commines, d'après Thevet.

LOUIS.

Quoi! ne peut-on pas cacher certaines choses?

COMMINES.

Hé! croyez-vous qu'un roi puisse être caché après
sa mort comme vous cachiez certaines intrigues pendant votre vie? Je n'aurais rien sauvé pour vous par
mon silence, et je me serais déshonoré. Contentez-
vous que je pouvais dire bien pis et être cru; mais
je ne l'ai pas voulu faire.

LOUIS.

Quoi! l'histoire ne doit-elle pas respecter les rois?

COMMINES.

Les rois ne doivent-ils pas respecter l'histoire et
la postérité, à la censure de laquelle ils ne peuvent
échapper? Ceux qui veulent qu'on ne parle pas d'eux
n'ont qu'une seule ressource, qui est de bien faire.

Si Fénelon réprouve les doctrines politiques
et morales de Louis XI, les bassesses et les
cruautés de son caractère, ses tromperies et ses
tours de renard, il ne goûte guère les excès
opposés dans François Ier, l'abus de la magni-

licence et de la galanterie, le fatal amour des
combats, la folie chevaleresque qui renouvelle
à Pavie les désastres de Poitiers et d'Azincourt ;
il s'écrie par la bouche de Louis XII :

« O pauvre France, que je te plains !... Je l'avais
bien prévu... Il a fallu rendre des provinces entières
et payer des sommes immenses. Voilà à quoi aboutit
ce faste, cette hauteur, cette témérité ! »

Le plus pur patriotisme anime l'éloquence de
Fénelon, quand il met en présence, pour flétrir
la trahison et honorer la fidélité au devoir, le
connétable de Bourbon et Bayard.

LE CONNÉTABLE.

N'est-ce point le pauvre Bayard que je vois, au
pied de cet arbre, étendu sur l'herbe et percé d'un
grand coup ? Oui, c'est lui-même. Hélas ! je le plains.
En voilà deux qui périssent aujourd'hui par nos
armes, Vandenesse et lui. Ces deux Français étaient
deux ornements de leur nation par leur courage. Je
sens que mon cœur est encore touché pour sa patrie.
Mais avançons pour lui parler. Ah ! mon pauvre
Bayard, c'est avec douleur que je te vois en cet état !

BAYARD.

C'est avec douleur que je vous vois aussi.

LE CONNÉTABLE.

Je comprends bien que tu es fâché de te voir dans mes mains par le sort de la guerre. Mais je ne veux pas te traiter en prisonnier; je te veux garder comme un bon ami, et prendre soin de ta guérison comme si tu étais mon propre frère : ainsi tu ne dois pas être fâché de me voir.

BAYARD.

Hé! croyez-vous que je ne suis pas fâché d'avoir obligation au plus grand ennemi de la France? Ce n'est point de ma captivité ni de ma blessure que je suis en peine. Je meurs : dans un moment la mort va me délivrer de vos mains.

LE CONNÉTABLE.

Non, mon cher Bayard, j'espère que nos soins réussiront pour te guérir.

BAYARD.

Ce n'est point là ce que je cherche, et je suis content de mourir.

LE CONNÉTABLE.

Qu'as-tu donc? Est-ce que tu ne saurais te consoler d'avoir été vaincu et fait prisonnier dans la retraite de Bonnivet? Ce n'est pas ta faute : c'est la sienne ; les armes sont journalières. Ta gloire est assez bien établie par tant de belles actions. Les Impériaux ne pourront jamais oublier cette vigoureuse défense de Mézières contre eux.

BAYARD.

Pour moi, je ne puis oublier que vous êtes ce grand connétable, ce prince du plus noble sang qu'il y ait dans le monde, et qui travaille à déchirer de ses propres mains sa patrie et le royaume de ses ancêtres.

LE CONNÉTABLE.

Quoi, Bayard, je te loue, et tu me condamnes ! Je te plains, et tu m'insultes !

BAYARD.

Si vous me plaignez, je vous plains aussi; et je vous trouve bien plus à plaindre que moi. Je sors de la vie sans tache ; j'ai sacrifié la mienne à mon devoir; je meurs pour mon pays, pour mon roi, estimé des ennemis de la France et regretté de tous les bons Français. Mon état est digne d'envie.

LE CONNÉTABLE.

Et moi je suis victorieux d'un ennemi qui m'a outragé; je me venge de lui ; je le chasse du Milanais ; je fais sentir à toute la France combien elle est malheureuse de m'avoir perdu en me poussant à bout : appelles-tu cela être à plaindre ?

BAYARD.

Oui ; on est toujours à plaindre quand on agit contre son devoir : il vaut mieux périr en combattant pour la patrie que la vaincre et triompher d'elle. Ah ! quelle horrible gloire que celle de détruire son propre pays !

LE CONNÉTABLE.

Mais ma patrie a été ingrate après tant de services que je lui avais rendus. Madame m'a fait traiter indignement pour un dépit d'amour. Le roi, par faiblesse pour elle, m'a fait une injustice énorme en me dépouillant de mon bien. J'ai été contraint, pour sauver ma vie, de m'enfuir presque seul : que voulais-tu que je fisse ?

BAYARD.

Que vous souffrissiez toutes sortes de maux, plutôt que de manquer à la France et à la grandeur de votre maison. Si la persécution était trop violente, vous pouviez vous retirer ; mais il valait mieux être pauvre, obscur, inutile à tous, que de prendre les armes contre nous. Votre gloire eût été au comble dans la pauvreté et dans le plus misérable exil.

LE CONNÉTABLE.

Mais ne vois-tu pas que la vengeance s'est jointe à l'ambition pour me jeter dans cette extrémité ? J'ai voulu que le roi se repentît de m'avoir traité si mal.

BAYARD.

Il fallait l'en faire repentir par une patience à toute épreuve, qui n'est pas moins la vertu d'un héros que le courage.

LE CONNÉTABLE.

Mais le roi, étant si injuste et si aveuglé par sa mère, méritait-il que j'eusse de si grands égards pour lui ?

BAYARD.

Si le roi ne le méritait pas, la France entière le méritait. La dignité même de la couronne, dont vous êtes un des héritiers, le méritait ; vous vous deviez à vous-même d'épargner la France, dont vous pouviez être un jour le roi.

LE CONNÉTABLE.

Eh bien ! j'ai tort, je l'avoue ; mais ne sais-tu pas combien les meilleurs cœurs ont de peine à résister à leur ressentiment ?

BAYARD.

Je le sais bien ; mais le vrai courage consiste à
y résister. Si vous connaissez votre faute, hâtez-vous
de la réparer. Pour moi, je meurs, et je vous trouve
plus à plaindre dans vos prospérités que moi dans
mes souffrances. Quand l'Empereur ne vous trompe-
rait pas, quand il vous donnerait sa sœur en mariage et qu'il partagerait la France avec vous, il
n'effacerait pas la tache qui déshonore votre vie.
Le connétable de Bourbon rebelle ! ah ! quelle honte !
Écoutez Bayard mourant comme il a vécu et ne ces-
sant de dire la vérité.

Une raillerie indignée et pénétrante éclate
dans la peinture qu'il fait des crimes et des vices
de Henri III. Entre les rois de France, c'est
Louis XII, c'est Henri IV qu'il offre pour modèles
à son élève ; il loue le premier d'avoir su se faire
aimer, d'avoir soulagé les peuples en préférant
leur repos à la gloire de vaincre ses ennemis ; il
le montre adoré pendant sa vie, pleuré après sa
mort. Le second qui, après des malheurs hor-
ribles, rendit au royaume le calme et l'abondance, lui paraît digne d'être appelé un roi sage
et bon ; il lui met dans la bouche, sans exagération, sa propre apologie :

« Je me suis fait aimer et craindre ; j'ai fait la guerre
avec vigueur, j'ai conclu au dehors une solide paix ;

au dedans j'ai policé l'État et je l'ai rendu florissant ; j'ai rangé les grands à leur devoir, et même les plus insolents favoris ; tout cela sans tromper, sans assassiner, sans faire d'injustice, me fiant aux gens de bien...... Si je me fusse trouvé d'abord sur le trône, environné de pompe, de délices et de flatteries, je me serais endormi dans les plaisirs. Mon naturel penchait à la mollesse ; mais j'ai senti la contradiction des hommes et le tort que mes défauts me pouvaient faire ; il m'a fallu m'en corriger, m'assujettir, me contraindre, suivre de bons conseils, profiter de mes fautes, entrer dans toutes les affaires : voilà ce qui redresse et forme les hommes. »

Cette tendresse pour les pauvres et pour les faibles, qui remplit le cœur de Fénelon, le rend quelquefois trop dur envers ceux auxquels il attribue une partie de leurs maux. Nous venons de le voir rude à l'excès dans les jugements qu'il porte sur Louis XI et sur François Ier. Entre les ministres, il semble accorder, on ne sait pourquoi, la préférence à l'Espagnol Ximenès et au Suédois Oxenstiern sur Richelieu, dont il oublie trop le patriotisme, les grands desseins, la haute et puissante diplomatie, pour mettre en lumière son inhumanité et son ambition. Mazarin est plus maltraité encore ; Fénelon ne lui pardonne pas d'avoir été dur, sec et cupide. Mais,

même lorsqu'on est obligé de contester les jugements qu'il porte sur les personnes, il faut rendre justice à l'esprit de bonté qui les inspire.

Ces sentiments habituels qu'il avait au fond de
l'âme, et qui lui dictent des vœux si constants
pour le soulagement des peuples et pour le bien
de l'humanité, s'expriment avec une netteté singulière dans les dialogues, qu'on peut appeler
plus particulièrement *philosophiques*. C'est là
que d'une plume hardie il condamne « tous les
gouvernements despotiques, où il n'y a de lois
que la volonté d'un homme, » toutes les guerres
qui n'ont point comme but la défense et le salut
de la patrie :

« Toutes les guerres sont des guerres civiles ; chacun doit infiniment plus au genre humain, qui est
la grande patrie, qu'à la patrie particulière dans
laquelle il est né. »

Fénelon se hâte de balancer ce que cette
maxime, si elle était prise à la lettre et dans son
extrême rigueur, pourrait avoir de dangereux,
par de saines et belles notions sur la société,
sur la patrie, qu'il déclare exister *non par une
convention arbitraire, mais par la nature des choses
et par la raison.* Camille dit à Coriolan :

5

« Donc il est vrai que la raison, qui est la vraie nature des animaux raisonnables, demande qu'ils s'assujettissent à des lois ; qu'en un mot, ils obéissent, qu'ils concourent tous ensemble aux besoins et aux intérêts communs, qu'ils n'usent de leur liberté que selon la raison, pour affermir et perfectionner la société. Voilà ce que j'appelle être bon citoyen, aimer la patrie et s'attacher à la République. »

Socrate, exposant les mêmes principes à Alcibiade, ne s'exprime pas moins éloquemment :

« L'anarchie n'est le comble des maux que parce qu'elle est le plus extrême despotisme... Il faut un milieu.... des lois écrites, toujours constantes et consacrées par toute la nation, qui soient au-dessus de tout..... une liberté modérée par la seule autorité des lois, dont ceux qui gouvernent ne devraient être que les simples défenseurs. Celui qui gouverne doit être le plus obéissant à la loi. La personne détachée de la loi n'est rien. »

Parmi tant de vues nettes et simples, qu'il faut louer sans réserve, Fénelon laisse malheureusement échapper des pensées plus hasardées « qui ne sont pas une boutade ni un accident chez lui. Il hait les complications, les raffinements, les relations multiples de la civilisation. Solon, dont il emprunte la voix, ne voudrait ni dispositions par testaments, ni adoptions, ni exhérédations, ni substitutions, ni échanges : il ne voudrait qu'une étendue très bornée de terre dans chaque famille, que ce bien fût inaliénable, et que le magistrat le partageât également aux enfants après la mort du père. Quand les familles multiplieraient trop, on enverrait une partie du peuple fonder une colonie (1). »

Évidemment ce sont là les rêveries d'un esprit parfois chimérique ! Mais on les lui pardonne volontiers, quand on n'oublie pas qu'elles viennent d'un excès d'amour pour les hommes, de compassion pour leur misère, d'espérance dans un meilleur avenir. Cette âme vertueuse et charitable, *qui avait besoin de s'étendre dans l'univers* et d'y chercher le bonheur des hommes, ne s'est jamais mieux révélée que dans le beau dialogue où il reprend, sous les noms de Timon et d'Alcibiade, la question débattue par Molière sous ceux d'Alceste et de Philinte. La conclusion est qu'il faut travailler à rendre les hommes meilleurs, mais qu'il faut les aimer tels qu'ils sont. C'est Alcibiade qui joue ici le rôle le Philinte ; il dit :

(1) Henri Martin, XIV, p. 300.

« Pour moi, je trouve que les sots me réjouissent et que les hommes d'esprit me contentent. J'ai envie de leur plaire à mon tour, et je m'accommode de tout pour me rendre agréable dans la société. »

Alcibiade professe ce que Fénelon appelle dans une acception plus grecque que française la *philantropie*; il pense qu'à moins de faire des hommes exprès il faut une philosophie qui aille plus à terre; il engage ironiquement Timon à se tuer, si la vie entière lui déplaît. Timon riposte en reprochant à Alcibiade « d'approuver ici ce qu'il condamne là. » Pour lui, le vrai misanthrope « ne craint pas d'être seul contre tous..... il va jusqu'à se haïr souvent lui-même, lorsqu'il se surprend dans quelque faiblesse. » Il ajoute que si on lui donne des hommes droits et justes, il saura les aimer, et qu'il ne se tue pas, parce qu'il ne veut pas faire plaisir à beaucoup de gens. Socrate, choisi pour arbitre entre Alcibiade et Timon, réprouve du même coup la misanthropie orgueilleuse, qui rompt tout commerce avec les hommes, et la légèreté coupable, qui les recherche pour les corrompre et profiter de leur corruption. Fénelon, par la voix du philosophe athénien, exprime de nobles pensées dans un beau langage :

« Il faut aimer les hommes et leur faire du bien malgré leurs défauts... Vivre au milieu d'eux pour les tromper, pour les éblouir et pour en tirer de quoi contenter ses passions, c'est être le plus méchant des hommes et se préparer des malheurs qu'on mérite. Mais se tenir à l'écart et néanmoins à portée d'instruire et de servir certains hommes, c'est être une divinité bienfaisante sur la terre. L'ambition d'Alcibiade est pernicieuse; mais votre misanthropie est une vertu faible, qui est mêlée d'un chagrin de tempérament. Vous êtes plus sauvage que détaché; votre vertu âpre et impatiente ne sait pas assez supporter le vice d'autrui; c'est un amour de soi-même qui fait qu'on s'impatiente, quand on ne peut réduire les autres au point qu'on voudrait. La philanthropie est une vertu douce, patiente et désintéressée, qui supporte le mal sans l'approuver. Elle attend les hommes; elle ne donne rien à son goût ni à sa commodité. Elle se sert de la connaissance de sa propre faiblesse pour supporter celle d'autrui. Elle n'est jamais dupe des hommes les plus trompeurs et les plus ingrats, car elle n'espère et ne veut rien d'eux pour son propre intérêt; elle ne leur demande rien que pour leur bien véritable. Elle ne se lasse jamais dans cette bonté désintéressée; et elle imite les dieux, qui ont donné aux hommes la vie sans avoir besoin de leur encens ni de leurs victimes. »

Admirables paroles, qui réunissent toutes les plus pures maximes de la plus noble morale ! Mais les *Dialogues des Morts*, écrits par Fénelon

pour le duc de Bourgogne, ne sont pas tous destinés à lui *mettre le bon dans le cœur ;* il en est dont
le but est de lui *mettre le beau dans l'esprit,* en lui
donnant quelques justes et saines idées sur les
lettres et sur les arts. Fénelon s'y montre,
selon son habitude, critique ingénieux et délicat;
il y célèbre sous toutes les formes « ce goût exquis
de la simplicité, cet amour pour le beau
simple, » qui fait le caractère inimitable des plus
grands écrivains antiques. On voit qu'au delà
d'Horace et de Virgile, dont il analyse vivement
les beautés, au delà de Cicéron, dont aucun défaut ne lui échappe, ses préférences remontent
jusqu'à Démosthène et à Platon, jusqu'à Homère.
Il n'emploie pas moins de trois dialogues suc-
cessifs à tracer le parallèle entre l'orateur latin
et l'orateur grec et à sacrifier trop durement le
premier sur l'autel du second. Il n'a pas assez
de louanges pour le style divin et les sublimes
idées de Platon. C'est par la voix d'Homère
s'adressant à Achille qu'il enseigne au duc de
Bourgogne qu'un roi doit protéger les écrivains
et les poètes :

« Quand un prince aime les lettres, il se forme pendant son règne beaucoup de poètes. Ses récompenses
et son estime excitent entre eux une noble émula-

tion ; le goût se perfectionne. Il n'a qu'à aimer et
à favoriser les Muses, elles feront bientôt paraître
des hommes inspirés pour louer tout ce qu'il y a de
louable en lui. Quand un prince manque d'un Homère,
c'est qu'il n'est pas digne d'en avoir un : son défaut
de goût attire l'ignorance, la grossièreté et la barbarie. La barbarie déshonore toute une nation et
ôte toute espérance de gloire durable au prince qui
règne. Ne sais-tu pas qu'Alexandre pleurait de
n'avoir point un poète qui fît pour lui ce que j'ai
fait pour toi? C'est qu'il avait le goût bon sur la
gloire. Souviens-toi que la Parque t'ayant ôté tous
les autres avantages, il ne te reste plus que le grand
nom que tu tiens de mes vers..... »

Fénelon ne parle pas moins sagement des
beaux-arts que de la poésie, dont il ne les sépare
pas. Qu'on lise les deux dialogues de *Parrhasius
et du Poussin*, de *Léonard de Vinci et du Poussin*,
on y reconnaît à chaque ligne l'amateur éclairé
qui se plaisait à aller surpendre le peintre Mi-
gnard dans son atelier, aux heures de son travail, pour parler peinture avec lui et lui prodiguer les marques de son estime. « La facilité
singulière dont il était doué lui fit acquérir
dans ces courts et rapides entretiens avec Mi-
gnard, non seulement la connaissance des termes
et du fond même de l'art, mais le mit à la portée
de saisir le caractère des maîtres anciens et

modernes. C'est ce qu'il est aisé d'observer en lisant son dialogue de Parrhasius et du Poussin ; on y trouve une description intéressante du fameux tableau des *Funérailles de Phocion*, par le Poussin, et on s'étonne avec raison de l'art, du goût et de la propriété d'expressions avec lesquels Fénelon a su rendre les beautés de ce tableau et révéler toutes les pensées et toutes les intentions du peintre (1). »

Ainsi, on ne saurait trop admirer la variété des sujets que Fénelon a choisis pour ses dialogues des Morts et on a de la peine à concevoir comment, dans les mille occupations de sa vie religieuse, il avait pu trouver le temps et la liberté de se livrer à des études si multiples et si différentes. Mais, on ne doit pas l'oublier, il y a une constante unité dans la variété que nous offrent les *Dialogues des Morts*. La pensée de tout ramener à l'éducation de son royal élève éclate partout, jusque dans ceux de ces dialogues qui paraissent avoir le moins de rapport avec les devoirs d'un prince destiné à régner !

(1) De Bausset, I, p. 237.

CHAPITRE III.

LE TÉLÉMAQUE.

ROMAN D'ÉDUCATION POLITIQUE ET MORALE.

Le titre le plus populaire de Fénelon est le
Télémaque, qu'il écrivit, comme les *Fables* et les
Dialogues, pour l'éducation du duc de Bourgogne. On sait quel est le plan de ce livre si célèbre,
où il a réalisé l'idéal du simple, du naturel et
de l'aimable. Télémaque, fils d'Ulysse, est parti,
sous la conduite de Mentor, à la recherche de
son père; il court mille dangers, éprouve mille
déceptions, commet bien des fautes, et, averti
par l'expérience et les conseils de Mentor, il se
corrige insensiblement pour devenir un modèle
de vertu. Jeté par la tempête sur bien des riva-
ges, il voit des civilisations diverses, des monar-
chies, des républiques; il en étudie les mœurs,
les lois, les gouvernements; il remarque ce

qu'elles ont de meilleur pour l'appliquer plus
tard à l'île d'Ithaque, sa chère patrie, sur laquelle il doit régner.

Le cadre de cet ouvrage est celui d'une épo-
pée, dont l'idée est prise dans l'*Odyssée*. Péné-
tré des beautés les plus exquises des anciens,
nourri du plus pur miel de la Grèce, Fénelon
goûtait surtout profondément la poésie du vieil
Homère. Si la Grèce semble avoir été la patrie
naturelle de son génie, Homère fut son auteur
favori ; il le lisait et le traduisait avec ferveur ; il
avait une connaissance parfaite de l'*Iliade* et de
l'*Odyssée*. Mais des deux épopées homériques,
l'*Odyssée* avait, plus que l'*Iliade*, le don de l'é-
mouvoir et de le charmer. Aux descriptions re-
tentissantes dont l'*Iliade* abonde, au bruit des
querelles et des batailles, aux grandes peintures
de ces luttes qui nous inspirent plutôt le courage de combattre les autres que celui de nous
vaincre nous-mêmes, Fénelon préférait les
tableaux si simples, les scènes si morales et si
touchantes de l'*Odyssée*. De tant de héros qui
sont mis en action dans l'un et dans l'autre poème,
le préféré de son esprit et de son cœur n'est pas
l'impétueux Achille, mais l'ingénieux et prudent
Ulysse. Une strophe d'une ode qu'il composa

dans sa jeunesse révèle de bonne heure cette admiration qu'il avait puisée dans la lecture assidue de l'*Odyssée* pour les vertus du roi d'Ithaque :

> « Des Grecs je vois le plus sage,
> Jouet d'un indigne sort,
> Tranquille dans son naufrage
> Et circonspect dans le port,
> Vainqueur des vents en furie,
> Pour sa sauvage patrie
> Bravant les flots, nuit et jour ! »

Aussi est-ce l'*Odyssée* que Fénelon faisait traduire le plus souvent au duc de Bourgogne. Il craignait que son élève, dont l'humeur était irritable et le caractère violent, ne prît trop de plaisir à l'appareil guerrier de l'*Iliade*, et qu'Achille, avec ses emportements et sa férocité native, ne lui fût un modèle dangereux. Combien mieux il aimait présenter à son émulation le prudent Ulysse, salutaire exemple de l'activité opiniâtre, du devoir virilement accompli dans la bonne comme dans la mauvaise fortune, des victoires remportées sur soi-même !

Quand Fénelon vit que ses efforts étaient couronnés de succès et que le duc de Bourgogne se passionnait pour le récit des aventures d'Ulysse, il eut la pensée d'écrire, au lieu de se borner à traduire Homère, une œuvre originale, un poème en prose, où il pût, dans la mesure de ses forces, reproduire l'esprit, le goût, les grâces, et l'abondance du Chantre ionien.

Est-ce à dire qu'en composant le *Télémaque*, Fénelon ait eu l'intention d'en faire une œuvre poétique et littéraire, que les Français pussent opposer aux grandes épopées de l'antiquité grecque et latine? Assurément non! Ses désirs étaient plus simples et son ambition plus modeste. Il voulait enfermer dans le cadre épique qu'il avait choisi un livre d'éducation politique et morale. Quelle que soit la valeur de la fiction empruntée à Homère, quel que soit le charme des souvenirs qu'une imagination brillante puise aux légendes de la Grèce, le principal intérêt est dans les conseils donnés au jeune prince que le trône attend. Le plus rare mérite du livre est dans ces entretiens philosophiques, dans ces leçons d'humanité, de modération, de patience, de courage, de loyauté, dans toutes ces idées généreuses, qui sont souvent empruntées à la *Cyropédie* de Xénophon; il est aussi dans les théories sur le bonheur des peuples, dans le plan d'un État réglé comme une famille, dans toutes

Télémaque et Mentor arrivant à Salente
sont reçûs par Idoménée.

ces nobles maximes de gouvernement, qui font
songer aux *Dialogues* de Platon, dont la sagesse,
modifiée par l'esprit chrétien, imprègne l'âme
de Fénelon. Nous laissons donc dans le domaine,
qui n'est pas le nôtre ici, de la pure esthétique
l'examen des beautés et des erreurs littéraires
du *Télémaque*. Nous n'avons pas à montrer l'art
de son ordonnance, la grandeur de son idée
générale, l'habile contraste des épisodes, la
peinture savante des caractères, la variété des
portraits, l'imitation originale des plus hautes
œuvres grecques et latines, la conception de
beautés inconnues aux anciens et dues à l'inspiration chrétienne, le charme incomparable
d'une langue mélodieuse et flexible, pleine d'une
expressive abondance et d'une douce chaleur.
Ce n'est pas non plus le lieu d'insister sur une
certaine froideur, que produisent parfois le
mélange du roman et de l'allusion contemporaine,
l'emploi du merveilleux païen, l'abus d'une mise
en scène qui ne peut éviter l'anachronisme, les
parties molles et traînantes d'un style qui s'abandonne au laisser-aller d'une trop facile improvi-
sation. Mais ce qu'il nous faut étudier et mettre
en pleine lumière, c'est l'idée du beau moral
dans l'éducation d'un jeune prince ; c'est tout

le détail des devoirs, qui, selon Fénelon, s'imposent au petit-fils de Louis XIV; c'est l'idéal sévère qu'il conçoit de la royauté juste, pacifique, bienfaisante, maîtresse de ses passions, dévouée au bonheur de ses sujets; c'est la force persuasive des conseils et des enseignements; « c'est l'adresse prodigieuse avec laquelle Fénelon grave en traits ineffaçables au fond du cœur de son élève, parmi quelques chimères un peu trop semblables à celles de Platon et de Rousseau, ces grandes maximes si vite oubliées, que les rois sont faits pour les peuples, et que ce n'est pas assez des calculs ou des caprices d'une ambition personnelle, ni de la gloire incertaine des armes, pour justifier les guerres ruineuses, pour faire absoudre les guerres injustes (1). »

Tout d'abord, il est aisé de voir que le héros du livre, le jeune et bouillant Télémaque, est modelé sur le duc de Bourgogne (2). Voici le portrait que, dans un passage fameux du treizième livre, Fénelon trace du fils d'Ulysse :

« Son naturel était bon et sincère, mais peu caressant; il ne s'avisait guère de ce qui pouvait faire

----

(1) Gandar, *Lettres*, p. 151.
(2) Nisard, *Littérature française*, III, p. 403.

plaisir aux autres : il n'était point attaché aux
richesses, mais il ne savait point donner. Ainsi,
avec un cœur noble et porté au bien, il ne paraissait ni obligeant, ni sensible à l'amitié, ni libéral,
ni reconnaissant des soins qu'on prenait pour lui,
ni attentif à distinguer le mérite. Il suivait son
goût sans réflexion. Sa mère Pénélope l'avait
nourri, malgré Mentor, dans une hauteur et une
fierté qui ternissaient tout ce qu'il y avait de plus
aimable en lui. Il se regardait comme étant d'une
autre nature que le reste des hommes; les autres
ne lui semblaient mis sur la terre par les dieux,
que pour lui plaire, pour le servir, pour prévenir
tous ses désirs, et pour rapporter tout à lui comme
à une divinité. Le bonheur de le servir était, selon
lui, une assez haute récompense pour ceux qui le
servaient. Il ne fallait jamais rien trouver d'impossible, quand il s'agissait de le contenter; et les
moindres retardements irritaient son naturel ardent.
Ceux qui l'auraient vu ainsi dans son naturel
auraient jugé qu'il était incapable d'aimer autre
chose que lui-même, et qu'il n'était sensible qu'à
la gloire et à son plaisir; mais cette indifférence
pour les autres et cette attention continuelle sur
lui-même ne venaient que du transport continuel
où il était jeté par la violence de ses passions. Il
avait été flatté par sa mère dès le berceau, et il
était un grand exemple du malheur de ceux qui
naissent dans l'élévation. »

A tant de traits nets et précis, on reconnaît ce
duc de Bourgogne que Saint-Simon nous montre

d'un orgueil et d'une hauteur inexprimables, incapable de supporter la moindre gêne ni la plus faible résistance à ses despotiques désirs, aimant tout ce qui lui plaît avec une passion violente, fougueux jusqu'à vouloir briser ses pendules lorsqu'elles sonnent l'heure qui l'appelle à ce qu'il ne veut pas, et jusqu'à s'emporter contre la pluie, quand elle s'oppose à ce qu'il veut faire. A la vérité, le moment de fureur passé, la raison ressaisit le jeune prince ; il sent ses fautes et il les avoue, mais le plus souvent avec tant de farouche humeur et de dépit qu'ils rappellent sa colère. Ainsi fait Télémaque :

« Il se retira dans sa tente, honteux de sa faute, et ne pouvant plus se supporter lui-même. Il gémissait de sa promptitude ; il reconnaissait combien il était injuste et déraisonnable dans ses emportements ; il trouvait je ne sais quoi de vain, de faible et de bas dans cette hauteur démesurée. Il reconnaissait que la véritable grandeur n'est que dans la modération, la justice, la modestie et l'humanité ; il le voyait, mais il n'osait espérer de se corriger après tant de rechutes ; il était aux prises avec lui-même, et on l'entendait rugir comme un lion furieux. Il demeura deux jours renfermé seul dans sa tente, ne pouvant se résoudre à se rendre dans aucune société et se punissant soi-même. »

D'autre part, Mentor n'est autre que Fénelon lui-même, soit qu'il discoure avec Télémaque sur les devoirs des rois, sur les idées et sur les maximes du gouvernement les plus propres à assurer le bonheur des États, soit qu'il combatte, avec une énergie si douce dans la forme et si solide dans le fond, jusque dans les replis les plus cachés du cœur de son élève, l'ambition, l'orgueil, l'abus du pouvoir, le goût de la flatterie et du luxe, et qu'il le conduise comme un coursier fougueux, « qui ne connaît que la voix et la main d'un seul homme capable de le dompter. »

Les contemporains, reconnaissant le duc de Bourgogne et son précepteur sous les traits de Télémaque et de Mentor, se flattèrent de découvrir dans le livre cent autres allusions satiriques. Le roman de Fénelon eut à peu près le même sort que les *Caractères* de La Bruyère ; on y vit partout la critique du temps présent, la peinture amère de la situation politique et morale du royaume, la satire audacieuse de Louis XIV, de ses ministres, des personnages les plus considérables de la cour, à cette heure si triste où tant d'abus et de fautes graves avaient aigri les esprits, assombri les cœurs, et provoquaient tant de plaintes contre le gouvernement absolu. Bientôt les noms des originaux, qu'on prétendait avoir posé pour leur portrait sans le savoir, passèrent de bouche en bouche; des clefs révélatrices circulèrent dans les cercles et dans les salons. Le marquis de Louvois semblait être représenté sous la figure hautaine d'un ministre du roi Idoménée, Protesilas, homme vain, dur, orgueilleux, ennemi des capitaines qui, contents de servir avec éclat leur patrie, refusaient de plier sous le favori. Astarté, belle, enjouée, flatteuse, insinuante, mais terriblement ambitieuse et vindicative, devenait aux yeux des mécontents madame de Montespan. La coalition contre Idoménée, c'était la ligue d'Augsbourg; la ville de Tyr, où l'on voit comme une forêt de mâts de navires, où tous les citoyens s'appliquent au commerce et ne se laissent jamais dégoûter par leurs grandes richesses du travail nécessaire pour les augmenter, c'était la Hollande; Antiope n'avait pas de peine à devenir la duchesse de Bourgogne. En vain Fénelon protesta contre les censures allégoriques et méditées qu'on découvrait si nettes et si nombreuses dans son ouvrage. Il écrivait à Michel Le Tellier:

« Il aurait fallu que j'eusse été non seulement

l'homme le plus ingrat, mais encore le plus insensé, pour vouloir faire des portraits satiriques et insolents. J'ai horreur de la seule pensée d'un tel dessein..... Je n'ai jamais songé qu'à amuser le duc de Bourgogne et à l'instruire en l'amusant, sans jamais vouloir donner cet ouvrage au public. Tout le monde sait qu'il ne m'a échappé que par l'infidélité d'un copiste. »

Malgré les dénégations de Fénelon, l'impression produite par le *Télémaque* en France et à l'étranger ne changea pas; tout le livre continuait à ne paraître qu'allusions. On se refusait à cesser de voir dans Idoménée Louis XIV lui-même. Ce prince, que Fénelon montrait accessible aux flatteurs, superbe envers les peuples voisins, toujours prompt à déclarer et à faire la guerre, était pour la plupart des lecteurs le roi de France, que « ses ministres ont accoutumé à recevoir sans cesse des louanges outrées jusqu'à l'idolâtrie » et qui n'a pu, même dans ses malheurs, trouver des hommes assez généreux pour lui dire la vérité. On se refusait à admettre qu'un roitelet, comme Idoménée, récemment débarqué sur une plage déserte, avec une troupe restreinte de soldats et de matelots exilés, eût, sans que la vraisemblance fût étrangement violée, les moyens de bâtir en peu de temps des ouvrages

ornés de toutes les merveilles de la peinture et
de la sculpture, un palais splendide, de vastes
portiques, un temple environné d'un double rang
de colonnes de marbre jaspé aux chapiteaux
d'argent. De tels édifices, disait-on, sont des
œuvres de longue haleine; ils exigent beaucoup
d'années, des dépenses inouïes, un rare con-
cours d'illustres artistes et d'excellents ouvriers.
C'est donc en toute évidence Versailles que Fénelon s'est proposé de peindre sous le nom de
Salente. De même, comment aurait-on hésité à
reconnaître la France épuisée et succombant
sous ses charges, quand on entendait Mentor
s'élever avec une vigoureuse éloquence contre
le luxe insensé, les guerres arbitraires et ruineuses, les impôts écrasants, la misère des
campagnes, tous les maux inévitables qui résul-
taient alors du pouvoir absolu? N'était-ce pas
Louis XIV encore que Fénelon semblait vouloir
atteindre quand il montrait Idoménée se mêlant
des querelles religieuses qui divisent son peuple,
et des différends entre les prêtres des dieux,
entrant dans les affaires privées de ses sujets,
s'efforçant d'examiner tout lui-même, se livrant
à une jalousie pour les détails qui consument
le temps et la liberté nécessaires aux grandes

choses? A qui, sinon à Louis XIV personnifié dans Idoménée, Mentor pouvait-il reprocher de souffrir des inscriptions orgueilleuses qui lui attribuaient la divinité, et conseiller de ne point marier contre leur gré des filles riches à des généraux ruinés à la guerre? Sans doute Fénelon est sincère, et nul n'a le droit de ne pas le croire sur parole quand il se défend d'avoir fait du *Télémaque* une critique du caractère personnel de Louis XIV comme des actes de son gouvernement. Mais ne faut-il pas avouer que sa bonne foi le trompe? « En composant une peinture des rois absolus avec des traits pris à Louis XIV, il croyait avoir gardé les égards et la reconnaissance. La suite de sa lettre à Le Tellier le fait voir. « Plus on lira cet ouvrage, dit-il, plus on verra que j'ai voulu *tout dire* sans peindre personne de suite. » On n'en veut pas davantage. Si Louis XIV n'est pas peint de suite dans le *Télémaque*, *tout* y est *dit* sur Louis XIV (1). »

Quoi qu'il en soit, il est un point capital sur lequel Fénelon ne pouvait opposer un démenti aux admirateurs les plus téméraires de son *Télémaque*. Il était certain que l'idéal du prince

______

(1) Nisard, *Litt. française.*

qu'il présentait au duc de Bourgogne apparaissait à chaque page de son livre comme absolument contraire à la conception que Louis XIV s'en était faite et qu'il avait réalisée. C'est ce que l'examen des idées morales, religieuses et politiques, qui ont été développées par Fénelon, mettra en pleine lumière.

Tout d'abord il convient de remarquer que la morale prêchée par Mentor au fils d'Ulysse n'a pas les airs moroses et ne se présente pas enveloppée de rigueur et d'austérité. Le maître dit au disciple :

« La sagesse n'a rien d'affecté : c'est elle qui donne les vrais plaisirs ; elle seule les sait assaisonner pour les rendre purs et durables ; elle sait mêler les jeux et les ris avec les occupations graves et sérieuses ; elle prépare le plaisir par le travail, et elle délasse par le plaisir. La sagesse n'a point de honte de paraître enjouée, quand il le faut. »

Mentor n'exige point de la faiblesse humaine une perfection qu'elle ne peut atteindre ; car il n'ignore pas que ceux qui ont été les plus sages parmi les hommes n'ont pu éviter de grandes fautes, et que l'indulgence pour autrui est la première condition de la véritable vertu. Il a des trésors de bonté et de pardon pour la jeu-

nesse, dont les emportements et les fièvres, les
folies et les passions sont dans la nature elle-
même, pourvu qu'elle s'efforce de se réformer
par l'expérience et par le repentir, qui donne
les plus utiles leçons. Les conseils et les reproches de Mentor ne laissent voir aucune humeur
sombre, aucune rigidité, aucun dogmatisme
intraitable. Il essaie de corriger Télémaque,
non par les théories abstraites, mais par les
exemples que la Providence lui fait passer sous
les yeux. S'il est jeté par le naufrage dans l'île
de Calypso, c'est afin qu'il apprenne à fuir les
dangers d'un honteux amour et à mépriser les
trompeuses douceurs de la volupté. Si Télémaque est porté sur la terre d'Égypte, où il est
réduit en esclavage, c'est pour qu'il apprenne à
supporter la mauvaise fortune et qu'en subissant
de dures épreuves il s'instruise à compatir aux
maux des autres, à profiter de ses propres
souffrances pour en épargner, quand il sera roi,
de semblables à ses sujets. Pendant qu'il
garde les troupeaux à travers la solitude des
pâturages, Télémaque voit trembler la montagne et il entend une voix mystérieuse qui lui
crie ces graves paroles:

« Fils du sage Ulysse, il faut que tu deviennes,

6

comme lui, grand par la patience : les princes qui
ont toujours été heureux ne sont guère dignes de
l'être ; la mollesse les corrompt, l'orgueil les enivre.
Que tu seras heureux, si tu surmontes tes malheurs
et si tu ne les oublies jamais ! Tu reverras Ithaque,
et ta gloire montera jusqu'aux astres. Quand tu
seras le maître des autres hommes, souviens-toi que
tu as été faible, pauvre et souffrant comme eux ;
prends plaisir à les soulager ! »

D'ailleurs Mentor explique à Télémaque, avec
mélancolie, mais sans amertume, qu'en servant
les hommes il ne doit pas compter sur leur
reconnaissance, parce que les meilleurs d'entre
eux sont capables d'ingratitude :

« Il faut les servir moins pour l'amour d'eux que
pour l'amour des dieux qui l'ordonnent. Le bien
qu'on fait n'est jamais perdu : si les hommes l'ou-
blient, les dieux s'en souviennent et le récom-
pensent. De plus, si la multitude est ingrate, il y a
toujours des hommes vertueux qui sont touchés de
votre vertu. La multitude même, quoique chan-
geante et capricieuse, ne laisse pas de faire, tôt ou
tard, une espèce de justice à la véritable vertu. »

Ces principes généraux de morale s'adressent
sans doute à tous les hommes ; mais Fénelon
prend soin de leur donner le plus souvent un
tour particulier qui convient aux rois. Il leur recommande de ne pas oublier que leur but unique

et essentiel est de ne jamais vouloir l'autorité et la grandeur pour eux-mêmes, parce que cette recherche ambitieuse n'irait qu'à satisfaire un orgueil tyrannique. Ils doivent se sacrifier, dans les peines infinies du gouvernement, pour rendre les hommes bons et heureux. Ainsi donc que Télémaque, lorsqu'il portera le sceptre et la couronne, aime ses sujets comme ses enfants et recherche leur amour! Qu'il n'hésite pas à exercer la justice en faveur de l'humble et du pauvre contre le puissant et le riche! Qu'il ait de l'estime pour les hommes vertueux! Qu'il considère le vice avec horreur! Qu'il déteste la flatterie! Qu'il n'ait pas l'abord difficile! Qu'il ne soit ni avare ni soupçonneux! Qu'il fuie comme le plus grand des fléaux cette maladie des rois, qui fait mourir les peuples, l'ambition, qu'il a vue élevée et généreuse dans Sésostris, imprudente dans Idoménée, despotique et misérable dans Pygmalion, barbare, hypocrite, impie dans Adraste! Qu'il évite toute guerre qui ne soit pas nécessaire et légitime! Qu'il n'imite pas l'exemple de ce tyran Adraste, dont Fénelon trace le caractère avec une vigueur d'imagination qu'aucune vérité historique ne saurait surpasser! Qu'il n'aille pas, comme lui, par caprice ou par jalousie ou par colère, employer sa puissance à réduire les peuples d'alentour en servitude! S'il est obligé de repousser par les armes un voisin dangereux et de combattre pour le droit et pour la patrie, qu'il soit courageux et fort, mais qu'il gémisse des maux que la lutte entraîne! Que dans la plus violente ardeur de la bataille il observe les lois de la clémence et de l'humanité! « Il ne croira pas que tous les moyens sont bons pour s'assurer la victoire; il triomphera, non par le mensonge ni la fraude, mais par la valeur; il ne se servira ni des transfuges ni des traîtres; car, en autorisant la perfidie par son exemple, il mériterait qu'elle se tournât contre lui; il ne fera aux ennemis que les maux nécessaires pour se garantir de ceux qu'ils lui préparent et les réduire à une juste paix; se souvenant que ses ennemis sont toujours hommes, s'il est lui-même vraiment homme, il aura pitié des vaincus et se conciliera leur amitié par des marques de bienveillance et de générosité; enfin il respectera les traités conclus avec eux (1). » Alors, quand Télémaque sera revenu victorieux dans ses États, il aura plus que jamais à se dompter

(1) Genay, *Étude sur le Télémaque*, chap. IV.

lui-même! Car l'orgueil et l'abus du pouvoir, le goût de la flatterie, la recherche raffinée du luxe, l'ivresse des sens livreront à son âme leurs plus rudes assauts. C'est alors que, pour se soustraire aux emportements désordonnés d'une Calypso ou à la flamme dévorante d'une Eucharis, il devra se réfugier dans le pur et légitime amour de la chaste Antiope!

Fénelon couronne ces nobles enseignements et ces sages conseils en appelant au secours de l'excellente morale qu'il prêche à son disciple la crainte d'une force supérieure à la sienne, le respect de la divinité, la croyance à une vie future, l'image de la béatitude des justes dans le ciel et des peines réservées aux méchants dans les enfers. « Pour achever de saisir dans le Télémaque, trésor des richesses antiques, la part d'invention qui appartient à l'auteur moderne, il faudrait comparer l'Enfer et l'Élysée de Fénelon avec les mêmes peintures tracées par Homère et par Virgile. Quelle que soit la sublimité du silence d'Ajax, quelle que soit la grandeur, la perfection du sixième livre de l'Énéide, on sentirait tout ce que Fénelon a créé de nouveau, ou plutôt tout ce qu'il a puisé dans les mystères chrétiens, par un art admirable ou par un souvenir involontaire. La plus grande de ces beautés inconnues à l'antiquité, c'est l'invention de douleurs et de joies purement spirituelles, substituées à la peinture faible ou bizarre de maux et de félicités physiques. C'est là que Fénelon est sublime et saisit mieux que Dante le secours si neuf et si grand du christianisme. Rien n'est plus philosophique et plus terrible que les tortures morales qu'il place dans le cœur des coupables ; et, pour rendre ces inexprimables douleurs, son style acquiert un degré d'énergie que l'on n'attendrait pas de lui et que l'on ne trouve dans aucun autre. Mais lorsque, délivré de ces affreuses peintures, il peut reposer sa douce et bienfaisante imagination sur la demeure des justes, alors on entend des sons que la voix humaine n'a jamais égalés, et quelque chose de céleste s'échappe de son âme enivrée de la joie qu'elle décrit. Ces idées-là sont absolument étrangères au génie antique ; c'est l'extase de la charité chrétienne ; c'est une religion toute d'amour, interprétée par l'âme douce et tendre de Fénelon. Aussi, lorsque de nos jours un écrivain célèbre (1) a voulu retracer le paradis chrétien,

(1) Châteaubriand (livre III des *Martyrs*).

il a dû sentir plus d'une fois qu'il était devancé par l'anachronisme de Fénelon ; et, malgré les efforts d'une riche imagination, et l'emploi plus facile et plus libre des idées chrétiennes, il a été obligé de se rejeter sur des images moins heureuses, et il n'a mérité que le second rang. L'Élysée de Fénelon est une des créations du génie moderne. Nulle part la langue française ne parait plus flexible et plus mélodieuse (1). »

Dans la description de son Enfer et de son Élysée, Fénelon, comme dans le reste de son livre, n'oublie pas qu'il doit s'appliquer à mettre surtout en vue les bons et les mauvais princes. Il faut que le duc de Bourgogne soit bien persuadé de la petitesse des rois, quand ils sont sous la main de la divinité toute-puissante, qui les punit et les récompense, dans cette éternelle vie où tous les hommes jouissent de l'égalité qu'ils n'ont pas connue sur la terre. La seule distinction qui se fait après la mort est celle qui sépare les justes des méchants. Les punitions et les récompenses sont uniquement proportionnées au mérite et au démérite : elles sont les unes et les autres toutes morales et spirituel-

(1) Villemain, notice sur Fénelon.

les. Fénelon sait qu'il s'adresse à une âme élevée, à un esprit d'une haute culture, et que, par
conséquent, il n'a pas besoin de frapper l'imagination de son disciple, à la manière des poètes
antiques ou de Dante, par la description des
souffrances matérielles et des tortures physiques. Il se contente de livrer les coupables à eux-
mêmes, aux troubles de leur cœur, aux déchi-
rements de leur conscience :

« C'est une tristesse noire qui ronge ces criminels ;
ils ont horreur d'eux-mêmes, et ils ne peuvent
non plus se délivrer de cette horreur que de leur
propre nature ; ils n'ont pas besoin d'autres châti-
ments de leurs fautes que leurs fautes mêmes ; ils
les voient sans cesse dans toute leur énormité ; elles
se présentent à eux comme des spectres horri-
bles ; elles les poursuivent ; pour s'en garantir, ils
cherchent une mort plus puissante que celle qui
les a séparés de leur corps. Dans le désespoir
où ils sont, ils appellent à leur secours une mort
qui puisse éteindre tout sentiment et toute connaissance en eux ; ils demandent aux abîmes de les en-
gloutir, pour se dérober aux rayons vengeurs de la
vérité qui les persécute ; mais ils sont réservés à la
vengeance, qui distille sur eux goutte à goutte et
qui ne tarira jamais. La vérité, qu'ils ont craint de
voir, fait leur supplice ; ils la voient et n'ont des
yeux que pour la voir s'élever contre eux ; sa vue les
perce, les déchire, les arrache à eux-mêmes. Elle

est comme la foudre ; sans rien détruire au dehors, elle pénètre jusqu'au fond des entrailles. Semblable à un métal dans une fournaise ardente, l'âme est comme fondue par ce feu vengeur ; il ne laisse aucune consistance, et il ne consume rien ; il dissout jusqu'aux premiers principes de la vie, et on ne peut mourir. On est arraché à soi ; on ne peut plus trouver ni appui ni repos pour un seul instant ; on ne vit plus que par la rage qu'on a contre soi-même et par une perte de toute espérance qui rend forcené. »

D'autre part, quand Fénelon arrive à la peinture du bonheur des justes dans les Champs Élysées, il se garde bien de suivre les poètes anciens, qui font consister ce bonheur dans la paisible continuation des soins qui occupaient les justes pendant leur vie. Dans l'*Odyssée* et dans l'*Énéïde* les guerriers après leur mort ne cessent pas d'aimer les travaux de la guerre ; ils continuent de veiller au bon état de leurs chars et de leurs armes et de mener paître leurs chevaux. D'autres justes exercent leurs membres dans des jeux, ou luttent sur l'arène, ou dansent en formant des chœurs aux accents de la lyre d'Orphée. A ce bonheur, en somme fort grossier, qui est dans l'esprit du paganisme, Fénelon, mêlant les réminiscences platoniciennes et l'inspiration chrétienne, substitue les douces joies d'une contemplation bienheureuse et une ineffable félicité proportionnée à l'intelligence et à la vertu des âmes que la miséricordieuse puissance de la divinité en a reconnues dignes :

« Une lumière pure et douce se répand autour du corps de ces hommes justes et les environne de ses rayons comme d'un vêtement. Cette lumière n'est point semblable à la lumière sombre qui éclaire les yeux des misérables mortels et qui n'est que ténèbres : c'est plutôt une gloire céleste qu'une lumière ; elle pénètre plus subtilement les corps les plus épais que les rayons du soleil ne pénètrent le plus pur cristal. Elle n'éblouit jamais ; au contraire, elle fortifie les yeux et porte dans le fond de l'âme je ne sais quelle sérénité. Ils la voient, ils la sentent, ils la respirent ; elle fait naitre en eux une source intarissable de paix et de joie ; ils sont plongés dans cet abime de joie, comme les poissons dans la mer. Ils ne veulent plus rien ; ils ont tout sans rien avoir ; car ce goût de lumière pure apaise la faim de leur cœur ; tous leurs désirs sont rassasiés, et leur plénitude les élève au-dessus de tout ce que les hommes vides et affamés cherchent sur la terre... Une jeunesse éternelle, une félicité sans fin, une gloire toute divine est peinte sur leur visage ; mais leur joie n'a rien de folàtre ni d'indécent ; c'est une joie douce, noble, pleine de majesté ; c'est un goût sublime de la vertu et de la vérité qui les transporte... »

Puisque telle est la suprême béatitude qui attend les âmes des hommes qui ont ici-bas pratiqué la justice et la vertu, la voie terrestre, que Télémaque doit suivre, lui est toute tracée. L'ombre de son bisaïeul Arcesius, qu'il rencontre dans les Champs Élysées, la lui indique en ces termes éloquents :

« Les hommes passent comme les fleurs qui s'épanouissent le matin et qui le soir sont flétries et foulées aux pieds. Les générations des hommes s'écoulent comme les ondes d'un fleuve rapide, rien ne peut arrêter le temps, qui entraîne après lui tout ce qui parait le plus immobile. Toi-même, ô mon fils, mon cher fils, toi-même qui jouis maintenant d'une jeunesse si vive et si féconde en plaisirs, souviens-toi que ce bel âge n'est qu'une fleur qui sera presque aussitôt séchée qu'éclose. Tu te verras changer insensiblement : les grâces riantes, les doux plaisirs, la force, la santé, la joie s'évanouiront comme un beau songe ; la vieillesse languissante viendra rider ton visage, courber ton corps, affaiblir tes membres, faire tarir dans ton cœur la source de la joie, te dégoûter du présent, te faire craindre l'avenir, te rendre insensible à tout, excepté à la douleur. Ce temps te parait éloigné ; hélas ! tu te trompes, mon fils ; il se hâte ; le voilà qui arrive : ce qui vient avec tant de rapidité n'est pas loin de toi ; et le présent qui s'enfuit est déjà bien loin, puisqu'il s'anéantit dans le moment que nous parlons et ne peut plus se rapprocher. Ne compte donc jamais, mon fils, sur le présent; mais soutiens-toi dans le sentier âpre et rude de la vertu par la vue de l'avenir. Prépare-toi, par des mœurs pures et par l'amour de la justice, une place dans cet heureux asile de paix ! »

II

Des idées morales et religieuses, développées dans le *Télémaque,* découlent, par une conséquence logique et naturelle, les principes de gouvernement et les doctrines politiques qui y sont exposés, et les théories sociales qui y sont poussées parfois jusqu'à la chimère et à l'utopie. En effet, Fénelon, tout plein des souvenirs de la République de Platon, proclame que la politique doit être étroitement unie à la morale ; il subordonne la première à la seconde, parce que seule, selon lui, la vertu fait les bons citoyens et les bons princes, protège le pouvoir contre les séditions et les crimes, assure la liberté des peuples, règle d'une façon équitable et solide les rapports entre les nations. Au contraire, si les peuples et les rois croient pouvoir affranchir la

Télémaque revenant à Salente
admire la fertilité et le changement des campagnes.

politique de la morale; si, oubliant l'idéal de bonheur et de paix vers lequel doivent tendre les États comme les particuliers, ils ne voient rien au delà du présent et n'écoutent que l'intérêt mal entendu, tout se trouble, tout se remplit de périls et de calamités. Alors les rois, esclaves de leurs passions, rêvent une tyrannie sans limite et sans frein ; les peuples, courbés sous un joug de fer, s'abrutissent dans la servitude ou méditent des révolutions violentes ; les nations se déchirent entre elles ou vivent dans une continuelle défiance les unes des autres ; sans souci de la fraternité humaine, elles fondent leurs relations sur l'espionnage, la mauvaise foi, la cruauté. Au lieu d'employer leurs ressources au développement pacifique de leurs institutions, de l'agriculture, du commerce et des arts, elles se ruinent dans l'entretien de puissantes armées et de menaçantes forteresses, qui, loin de garantir un peuple contre l'étranger, ne servent qu'à exciter son ressentiment et sa haine.

« Fénelon ne risque-t-il pas, en ne poursuivant que l'application de la pure morale, de compromettre la puissance et l'intégrité de sa patrie? Fénelon était persuadé que l'humanité entrerait dans une ère de bonheur et de paix le jour où,

dans les rapports des nations et des princes entre
eux, régneraient la modération, la bonne foi, la
justice, et il donnait ses avis sur le gouvernement,
comme si déjà se fût établi le règne de la raison
et de la vertu. Malheureusement ce bonheur,
dont l'image brillait à ses yeux, n'était fondé
que sur une espérance et sur un vœu. Il est triste
de songer combien de fois, depuis Platon, qui
aussi voyait l'idéal du gouvernement dans la
raison, et depuis Fénelon, la force a primé le
droit. Aussi, les hommes restant tels qu'ils sont,
est-il difficile aux représentants du pouvoir dans
les divers États de se renfermer dans les règles
strictes de la morale de Fénelon. Un roi juste,
modéré, de bonne foi, ne devient-il pas la dupe
d'un voisin moins scrupuleux et impuissant à
borner son ambition? Au point de vue seulement
humain, n'aura-t-il pas à regretter de s'être trop
attaché à des vertus méprisées au delà des frontières? » Ces réflexions sont justes; mais il
faut se rappeler qu'en écrivant le Télémaque,
Fénelon n'a pas eu le dessein de composer un
code de lois politiques, mais qu'il a voulu, dans
un cadre romanesque, placer sous les yeux du
jeune prince qu'il instruit des principes sévères
de justice et d'humanité, une noble et sereine

image du droit et du devoir, un idéal de gouvernement qu'il s'agit non pas d'atteindre, mais
de réaliser dans la mesure permise à l'imperfection des volontés humaines et des efforts terrestres.

Or, quelle est la forme de gouvernement qui
paraît à Fénelon la meilleure? C'est la monarchie héréditaire. Après avoir établi, comme
Bossuet, que le principe de la souveraineté est
en Dieu, il soutient que les rois en sont ici-bas
les représentants et les ministres. Mais, touché
des malheurs qu'enfantait sous Louis XIV
l'ivresse du pouvoir absolu, Fénelon songe à le
modérer, à l'entourer de garanties, à le délivrer
d'une immense responsabilité, sous laquelle il
ne peut que succomber. Il déclare qu'il faut au
pouvoir absolu un contrepoids, et il n'hésite pas
à le soumettre au respect des lois de la nation
et à la crainte de Dieu :

« Le roi, dit Mentor, peut tout sur les peuples,
mais les lois peuvent tout sur lui. Il a une puissance absolue pour faire le bien, et les mains liées
dès qu'il veut faire le mal. Les lois lui confient les
peuples comme le plus précieux de tous les dépôts,
à condition qu'il sera le père de ses sujets. Elles
veulent qu'un seul homme serve, par sa sagesse

et par sa modération, à la félicité de tant d'hommes, et non pas que tant d'hommes servent par leur misère et par leur servitude lâche à flatter l'orgueil et la noblesse d'un seul homme. Le roi ne doit rien avoir au-dessus des autres, excepté ce qui est nécessaire, ou pour le soulager dans ses pénibles fonctions, ou pour imprimer aux peuples le respect de celui qui doit soutenir les lois. D'ailleurs, le roi doit être plus sobre, plus ennemi de la mollesse, plus exempt de faste et de hauteur qu'aucun autre. Il ne doit point avoir plus de richesses et de plaisirs, mais plus de sagesse, de vertu et de gloire que le reste des hommes. Il doit être au dehors le défenseur de la patrie, en commandant les armées; et au dedans le juge des peuples, pour les rendre bons, sages et heureux. Ce n'est point pour lui-même que les dieux l'ont fait roi; il ne l'est que pour être l'homme des peuples : c'est aux peuples qu'il doit tout son temps, tous ses soins, toute son affection; et il n'est digne de la royauté qu'autant qu'il s'oublie lui-même pour se sacrifier au bien public (1). »

Ce désir de repousser le pouvoir arbitraire en le tempérant éclate dans le plan de constitution que Mentor trace et propose à Idoménée pour la ville de Salente :

« Souvenez-vous, lui dit-il, que les pays où la domination du souverain est plus absolue sont ceux

(1) Livre XI.

où les souverains sont moins puissants. Ils prennent, ils ruinent tout, ils possèdent seuls l'État ;
mais aussi tout l'État languit; les campagnes sont
en friche et presque désertes, les villes diminuent
chaque jour; le commerce tarit. Le roi, qui ne
peut être roi tout seul, et qui n'est grand que par
ses peuples, s'anéantit lui-même peu à peu par
l'anéantissement des peuples dont il tire ses richesses et sa puissance. Son pouvoir absolu fait
autant d'esclaves qu'il a de sujets. On le flatte, on
fait semblant de l'adorer, on tremble au moindre
de ses regards ; mais attendez la moindre révolution : cette puissance monstrueuse, poussée jusqu'à
un excès trop violent, ne saurait durer; elle n'a
aucune ressource dans le cœur des peuples; elle
a lassé et irrité tous les corps de l'État. Au premier coup qu'on lui porte, l'idole se renverse, se
brise et est foulée aux pieds (1). »

Pour remédier à ces périls, Mentor veut qu'on
établisse des lois fixes, qui enchaînent le prince
lui-même, et que la royauté soit appuyée sur une
hiérarchie fortement aristocratique. Fénelon
pensait, en effet, que le gouvernement monar-
chique ne peut exister sans une noblesse respectée
et puissante. C'est qu'il était lui-même un grand
seigneur, comptant avec les privilèges de sa
race et de son époque, très fier de l'antiquité

(1) Livre XI.

et de l'éclat de sa famille, « qui était d'ancienne et bonne noblesse, décorée d'ambassades, de divers emplois, d'un collier du Saint-Esprit sous Henri III, et d'alliances. » Comme le marquis de Boulainvilliers, les ducs de Saint-Simon, de Beauvilliers et de Chevreuse, comme tout ce petit groupe de théoriciens aristocrates, qui avait mis ses espérances sur le duc de Bourgogne et qui élaborait dans le secret pour le règne futur des plans de rénovation politique et sociale, Fénelon ne pardonnait pas à Louis XIV d'avoir voulu que tout découlât de sa main ; il supportait mal que sous lui, monarque absolu, distribuant les richesses et les dignités selon sa volonté, la fonction prît le pas sur le titre, et qu'à la place des grands seigneurs éconduits les fils de la bourgeoisie, les Le Tellier, les Philippeaux, les Colbert, et bien d'autres, élevés aux ministères et associés à la direction des affaires, se fussent assis dans les conseils de l'État. Voilà pourquoi Fénelon, désireux de reconstituer une noblesse modératrice de la royauté, soutien des affaires, participant à tous les pouvoirs, règle, par la bouche de Mentor, dans la ville de Salente, les conditions par la naissance. Il met au premier rang ceux qui ont une noblesse plus ancienne et plus éclatante « avant même ceux qui ont le mérite et l'autorité. » Les belles actions donneront seulement un commencement de noblesse :

« La distinction la moins exposée à l'envie, dit-il, est celle qui vient d'une longue suite d'ancêtres. Pour la vertu, elle sera assez excitée et on aura assez d'empressement à servir l'État, pourvu que vous donniez des couronnes et des statues aux belles actions, et que ce soit un commencement de noblesse pour les enfants de ceux qui les auront faites. »

Après la haute aristocratie, qui forme une classe presque fermée, viennent dans la cité de Salente six autres classes, dont chacune doit se reconnaître à la nature des habits qui lui sont imposés. Rien n'est plus chimérique et plus bizarre que ces lois somptuaires fixées pour chaque condition. Et d'abord l'or et l'argent sont défendus, sauf de très légères exceptions. Le roi se contentera d'un habit de laine fine, teinte en pourpre ; les principaux de l'État après lui seront vêtus de la même laine, et toute la différence ne consistera que dans la couleur et dans une mince broderie d'or.

« Les personnes du premier rang après vous, dit Mentor à Idoménée, seront vêtues de blanc avec

une frange d'or au bas de leurs habits. Ils auront
au doigt un anneau d'or et au cou une médaille d'or
avec votre portrait. Ceux du second rang seront
vêtus de bleu ; ils porteront une frange d'argent,
avec l'anneau et point de médaille ; les troisièmes,
de vert, sans anneau et sans frange, mais avec la
médaille d'argent ; les quatrièmes, d'un jaune
d'aurore ; les cinquièmes, d'un rouge pâle ou de
rose ; les sixièmes, de gris de lin ; et les septièmes,
qui seront les derniers du peuple, d'une couleur
mêlée de jaune et de blanc. »

Fénelon ne s'arrête pas là dans sa chimère.
Il détermine le genre de nourriture et les repas
qu'il convient aux citoyens d'adopter. Ils doivent
se borner aux viandes les meilleures, mais
apprêtées sans aucun ragoût, parce que c'est un
art pour empoisonner les hommes que celui
d'irriter leur appétit au delà de leur vrai besoin.
En outre, dans son désir de ramener tout à une
excessive simplicité, le législateur fixera d'une
manière immuable le détail des meubles, la
grandeur et l'ornement des maisons, l'étendue
des terres que chaque famille peut posséder.
Fénelon, emporté ainsi par sa haine du faste et
par son rêve de modération universelle, ne
semble pas s'être un seul instant demandé
comment il fera pour que cette prohibition

radicale du luxe et des modes concorde avec les grands encouragements qu'il se propose de donner au commerce.

Il est, en effet, très nouveau et très hardi que ce soit par la liberté que Fénelon favorise le commerce à l'extérieur et à l'intérieur du pays. Non seulement il ne la gêne par aucun impôt, mais encore il promet une récompense à tous les marchands qui attirent à Salente le commerce de quelque nouvelle nation :

« Ainsi les peuples y accoururent bientôt en foule de toutes parts. Le commerce de cette ville était semblable au flux et au reflux de la mer. Les trésors y entraient comme les flots viennent l'un sur l'autre. Tout y était apporté et tout en sortait librement. Tout ce qui entrait était utile ; tout ce qui sortait laissait, en sortant, d'autres richesses en sa place. La justice sévère présidait, dans le port, entre tant de nations. La franchise, la bonne foi, la candeur semblaient, du haut de ces superbes tours, appeler les marchands des terres les plus éloignées : chacun de ces marchands, soit qu'il vînt des rives orientales où le soleil sort chaque jour du sein des ondes, soit qu'il fût parti de cette grande mer où le soleil, lassé de son cours, va éteindre ses feux, vivait, paisible et en sûreté, dans Salente comme dans sa patrie. »

Quant à l'agriculture, elle est le plus cher

objet des soins du réformateur. Personne en
France, depuis Sully, ne semble avoir plus que
l'auteur de *Télémaque* aimé le peuple des campagnes, gémi sur ses misères, désiré sa prospérité. Ce sentiment de pitié affectueuse, qu'il
éprouvait si profond, avait plusieurs sources. Il
venait d'abord d'une imagination qui, pleine des
souvenirs poétiques de l'antiquité, se repaissait
de l'idée d'une vie pastorale et primitive, comme
celle du bon vieillard de Tarente, que l'auteur des
Géorgiques nous montre trouvant la paix et la joie
de l'âme dans son petit jardin, où il cultive les
légumes et les fleurs. Fénelon s'enchantait lui-
même en opposant au vain luxe des palais et des
villes la frugalité des mœurs qu'Homère dépeint,
et la vie simple des paysans dont les écrivains
bucoliques ont chanté les vertus naïves et les
modestes plaisirs. C'est pourquoi il prodigue
dans son *Télémaque* les descriptions de la nature et de la vie pastorale, les peintures com-
plaisantes des champs et des laboureurs. Avec
quel charme poétique et tendre, dans quelle
langue harmonieuse, avec quels accents de bonté
et de joie, il célèbre, par exemple, au septième
livre de son roman, les merveilles de la Bétique,
la douce température de l'air et toutes les ri

chesses de cette contrée, dont les peuples mènent
la vie la plus heureuse dans une parfaite simplicité de mœurs :

« Ce pays semble avoir conservé les délices de
l'âge d'or. Les hivers y sont tièdes et les rigoureux
aquilons n'y soufflent jamais. L'ardeur de l'été y
est toujours tempérée par des zéphyrs rafraichis-
sants qui viennent adoucir l'air vers le milieu du
jour. Ainsi toute l'année n'est qu'un heureux hymen
du printemps et de l'automne, qui semblent se donner la main. La terre, dans les vallons et dans les
campagnes unies, porte chaque année une double
moisson. Les chemins y sont bordés de lauriers, de
grenadiers, de jasmins et d'autres arbres toujours
verts et toujours fleuris. Les montagnes sont cou-
vertes de troupeaux, qui fournissent des laines fines
recherchées de toutes les nations connues. Il y a
plusieurs mines d'or et d'argent dans ce beau pays ;
mais les habitants, simples et heureux dans leur
simplicité, ne daignent pas seulement compter l'or
et l'argent parmi leurs richesses : ils n'estiment que
ce qui sert véritablement aux besoins de l'homme. »

Voltaire blâme Fénelon d'avoir trop répété
dans son *Télémaque* ces peintures idéales de la
vie champêtre. Il aurait eu raison de lui faire
ce reproche, s'il n'y avait eu là qu'une ampli-
fication poétique, qu'un jeu d'un esprit lettré,
qui, pour avoir trop fréquenté Théocrite et Vir-

gile, se fût amusé à les imiter. Or, ces peintures, si elles viennent de l'imagination de Fénelon, viennent aussi de son cœur douloureusement
frappé par le spectacle des guerres qu'il avait
sous les yeux et qui causaient la ruine de l'agriculture, l'extrême misère des paysans, la dépopulation des campagnes. S'il est vrai, comme on
l'a souvent remarqué, que la poésie pastorale
fleurit surtout dans les temps qui, par leurs
troubles et leurs fléaux, contredisent le plus le
calme des scènes champêtres, et qui, par l'excès
du luxe raffiné, présentent un saisissant contraste
avec la simplicité des champs, l'époque de Fénelon n'avait-elle pas assez de guerres et de luttes
sanglantes pour que le désir d'échapper à la
réalité lui inspirât de donner à son ouvrage une
couleur bucolique et pastorale ? La cour n'éta-
lait-elle pas des splendeurs assez ruineuses pour
qu'il cherchât, dans la description de la nature
frugale et naïve, l'image de la tempérance et de
la simplicité ? Enfin, à l'heure où tant de généreux
esprits éprouvaient une juste et patriotique inquiétude sur l'avenir de l'agriculture en France,
où les Boulainvilliers, les Racine, les Vauban devaient plaider, dans de courageux mémoires, la
cause du peuple des campagnes, comment Féne-

(Reproduction de la Bibliothèque Nationale)

lon serait-il resté insensible à sa misère et n'aurait-il pas cherché des remèdes à ses maux? Comment, en écrivant le *Télémaque*, aurait-il laissé échapper l'occasion d'honorer et d'encourager l'agriculture? Avant tout, il veut que les paysans, qui portent le plus lourd fardeau des impositions et des taxes, cessent d'être à ce point accablés :

« Si vous ne les chargez pas d'impôts, dit Mentor à Idoménée, ils vivront sans peine avec leurs femmes et leurs enfants; car la terre n'est jamais ingrate : elle nourrit toujours de ses fruits ceux qui la cultivent soigneusement; elle ne refuse ses biens qu'à ceux qui craignent de lui donner leurs peines..... Heureux ces hommes sans ambition, sans défiance, sans artifice, pourvu que les dieux leur donnent un bon roi qui ne trouble point leur joie innocente ! Mais quelle horrible inhumanité que de leur arracher, pour des desseins pleins de faste et d'ambition, les doux fruits de leur terre, qu'ils ne tiennent que de la libérale nature et de la sueur de leur front ! La nature seule tirerait de son sein fécond tout ce qu'il faudrait pour un nombre infini d'hommes modérés et laborieux ; mais c'est l'orgueil et la mollesse de certains hommes qui en mettent tant d'autres dans une affreuse pauvreté. »

Idoménée, touché jusqu'au fond du cœur par

ce discours, se déclare convaincu ; mais il fait remarquer à Mentor que dans son royaume des terres fertiles demeurent incultes sur une grande étendue ou ne sont cultivées qu'à demi par la pauvreté des laboureurs, qui, manquant d'hommes et de bœufs, manquent aussi de courage et de force pour mettre l'agriculture à sa perfection. Mentor répond qu'il faut se hâter de repeupler les campagnes presque désertes, et pour cela il indique des moyens qui, malheureusement, ne sont pas dépourvus de cet esprit aventureux et chimérique dont Louis XIV reprochait, non sans quelque raison, à Fénelon les utopies et les songes. Il conseille à Idoménée de prendre les artisans des villes, dont les métiers corrompent les mœurs, de leur distribuer des plaines et des collines à cultiver, d'appeler à leur secours des peuples voisins, qui feront sous eux le plus rude travail :

« Ces peuples, dit-il, le feront, pourvu qu'on leur promette des récompenses convenables sur les fruits des terres mêmes qu'ils défricheront ; ils pourront dans la suite en posséder une partie et être ainsi incorporés à votre peuple, qui n'est pas assez nombreux. Pourvu qu'ils soient laborieux et dociles aux lois, vous n'aurez point de meilleurs

sujets. Vos artisans de la ville, transplantés dans
la campagne, élèveront leurs enfants au travail
et au goût de la vie champêtre. »

Idoménée aurait dû, ce semble, objecter à
Mentor qu'il n'est pas probable que l'artisan
chassé de la ville se transforme en laboureur, et
que, pour le retenir à la campagne, comme
d'ailleurs pour l'y envoyer, il faudra faire violence à sa liberté et recourir à des mesures
tyranniques. Il se borne à poser au vieillard
cette question : « Que ferai-je, si ces peuples
que je répandrai dans les campagnes négligent
de les cultiver? » Certes, la réponse de Mentor
est médiocrement probante, mais elle est d'un
beau mouvement littéraire et d'une entraînante
éloquence :

« Faites tout le contraire de ce qu'on fait commu-
nément. Les princes avides et sans prévoyance ne
songent qu'à charger d'impôts ceux d'entre leurs
sujets qui sont les plus vigilants et les plus indus-
trieux pour faire valoir leurs biens; c'est qu'ils
espèrent en être payés plus facilement : en même
temps, ils chargent moins ceux que la paresse
rend plus misérables. Renversez ce mauvais ordre,
qui accable les bons, qui récompense le vice, et
qui introduit une négligence aussi funeste à soi-
même qu'à tout l'État. Mettez des taxes, des amen-

des et même, s'il le faut, d'autres peines rigou-
reuses sur ceux qui négligeront leurs champs,
comme vous puniriez des soldats qui abandonne-
raient leurs postes dans la guerre ; au contraire,
donnez des grâces et des exemptions aux familles
qui, se multipliant, augmentent à proportion la
culture de leurs terres. Bientôt les familles se mul-
tiplieront, et tout le monde s'animera au travail ;
il deviendra même honorable. La profession de
laboureur ne sera plus méprisée, n'étant plus
accablée de tant de maux. On reverra la charrue
en honneur, maniée par des mains victorieuses
qui auraient défendu la patrie. Il ne sera pas
moins beau de cultiver l'héritage reçu de ses
ancêtres, pendant une heureuse paix, que de l'avoir
défendu généreusement pendant les troubles de la
guerre. »

D'autres recommandations très importantes
de Mentor à Idoménée concernent les beaux-
arts, que Fénelon est bien loin de proscrire
comme inutiles, « lui, le plus *artiste* des écrivains du grand siècle, parce qu'il est le plus
antique, lui qui a le premier ressaisi le lien intime des arts plastiques avec l'éloquence et la
poésie, et qui y puise sans cesse des images et
des comparaisons (1). » Comme Platon, qui

____

(1) Henri Martin, t. XIV. p. 311.

confie dans sa république idéale le premier soin
de l'éducation aux arts, mais qui les protège par
une sévère censure contre la laideur et la corruption, Fénelon veut qu'ils servent à répandre
le goût de ce que l'État tient pour beau et honnête, pour juste et légitime. Il admet la musique,
mais il croit devoir en borner l'usage aux fêtes
dans les temples, pour y chanter les louanges des
dieux et des héros qui ont donné l'exemple des
plus rares vertus. Il condamne rigoureusement
la musique bachique, qui n'enivre guère moins
que le vin et qui produit des mœurs pleines d'emportement et d'impudeur. Puis, revenant aux
idées qu'il avait autrefois exprimées dans le *Traité
de l'éducation des filles*, il défend la musique
molle et efféminée, qui ne peut que corrompre la
jeunesse en livrant l'âme à l'attrait des sens. De
même il ne repousse ni la peinture ni la sculpture, à la condition que les œuvres des artistes
soient toujours d'une inspiration élevée, et que
jamais ni les tableaux ni les statues n'offrent
aux yeux la moindre image indécente ou volup-
tueuse :

« La peinture et la sculpture parurent à Mentor
des arts qu'il n'est pas permis d'abandonner; mais
il voulut qu'on souffrît dans Salente peu d'hommes

attachés à ces arts. Il établit une école où présidaient des maitres d'un goût exquis, qui examinaient les jeunes élèves. Il ne faut, disait-il, rien de bas ni de faible dans ces arts, qui ne sont pas absolument nécessaires. Par conséquent, on n'y doit admettre que des jeunes gens d'un génie qui promette beaucoup, et qui tendent à la perfection. Les autres sont nés pour des arts moins nobles, et ils seront employés plus utilement aux besoins ordinaires de la République. Il ne faut, disait-il, employer les sculpteurs et les peintres que pour conserver la mémoire des grands hommes et des grandes actions. »

C'est encore uniquement pour les bâtiments publics et pour les temples que Mentor permet les grands ornements d'architecture, tels que les colonnes, les frontons et les portiques. Pour les maisons des particuliers, il recommande des modèles d'une architecture simple et gracieuse; il les veut gaies, commodes, assez vastes, « en sorte qu'elles soient tournées en un aspect sain, que les logements en soient dégagés les uns des autres, que l'ordre et la propreté s'y conservent facilement, et que l'entretien soit de peu de dépense. »

Les derniers conseils de Mentor portent sur l'éducation des enfants. Comme Platon dans l'antiquité et comme saint Thomas d'Aquin au

moyen âge, Fénelon dit nettement : « Que les
enfants appartiennent moins à leurs parents
qu'à la République, » et il en tire cette conséquence que l'État doit ouvrir des écoles, où des
maîtres, placés sous sa direction, imbus de ses
volontés et de ses méthodes, leur apprennent la
crainte des dieux, l'amour de la patrie, le respect des lois, forment leurs intelligences par de
savantes et claires leçons, leurs âmes par de
nobles préceptes, leurs corps par des jeux vifs et
des exercices de vigueur et d'agilité. Ainsi on
élèvera une jeunesse non seulement innocente
et pure, mais encore énergique et forte, aussi
bien préparée pour les travaux de la paix que
pour les luttes de la guerre.

CHAPITRE IV.

L'EXAMEN DE CONSCIENCE
SUR LES DEVOIRS DE LA ROYAUTÉ.

LES PLANS DE GOUVERNEMENT.
LES RÉSULTATS DE L'ÉDUCATION DU DUC DE BOURGOGNE.

Les idées exposées dans le *Télémaque* sur la politique, sur la morale, sur la réforme des mœurs et de la société, exprimaient-elles sérieusement les opinions intimes et la vraie pensée de Fénelon? S'il avait eu le pouvoir que le règne futur de son élève semblait lui promettre, aurait-il essayé d'opérer en France les changements que, sous une forme romanesque, Mentor propose à Idoménée? D'excellents esprits se refusent à le croire. Ils se trompent. Leur erreur peut facilement se prouver par l'*Examen de conscience sur les devoirs de la royauté*, que Fénelon, depuis sa retraite à Cambrai, composa pour le duc de Bourgogne, par les *Plans de gouvernement* qu'il a rédigés dans le même dessein, et enfin par les résultats qu'avait produits dans l'âme et dans le cœur du jeune prince l'éducation qu'il avait reçue.

I

« L'éducation donnée par Fénelon au petit-fils de Louis XIV sapait tout le système de Louis XIV. Cela ne pouvait durer jusqu'au bout sans éclat... Louis était déjà en défiance contre ce qui transpirait par les amis de Fénelon et par Fénelon lui-même. Il lui accorda, en février 1695, une faveur qui n'était qu'un commencement de disgrâce ; il lui donna l'archevêché de Cambrai, quand ses amis espéraient pour lui, dans un prochain avenir, l'archevêché de Paris. C'était l'éloigner de la cour pendant les trois quarts de l'année ; car Fénelon était trop scrupuleux pour transgresser les canons qui obligeaient les évêques à résider au moins neuf mois par an. Le nouvel archevêque garda cependant le titre de précep-

teur et se fit suppléer par le savant et pieux abbé
Fleury auprès du jeune prince. Sur ces entre-
faites, Louis voulut s'éclairer à fond sur les idées
de Fénelon : cette conversation fut décisive. « Je
viens d'entretenir le plus bel esprit et le plus
chimérique de mon royaume. » Tel fut l'arrêt
sans appel prononcé par le grand roi. Fénelon
avait heurté cet esprit à la fois si net et si limité
et par ce qu'il y avait de trop vaste et par ce
qu'il y avait de trop peu pratique dans ses vues.
Cet incident ne fut pourtant pas la cause directe
de la chute de Fénelon (1). » En effet, il acheva
de se perdre dans l'esprit de Louis XIV, en dé-
fendant les doctrines mystiques de Madame
Guyon, condamnée par l'Église et enfermée à la
Bastille. Le livre des *Maximes des Saints*, qu'il
publia en 1697 et où il reproduisait les idées de
Madame Guyon, acheva sa disgrâce. Attaqué
par Bossuet, abandonné par Madame de Maintenon, Fénelon reçut du roi, qui n'attendit pas
la décision du pape, saisi de cette affaire, l'ordre
de ne plus sortir de son diocèse. En vain le duc
de Bourgogne, pour sauver son maître, embrassa
les genoux de Louis XIV. Le roi resta inflexible

(1) Henri Martin, t. XIV, p. 313.

et répondit : « Mon fils, je ne puis faire de ceci une affaire de faveur ; il s'agit de la pureté de la foi, et Monsieur de Meaux en sait plus sur cette partie que vous ou moi. »

Le *Télémaque*, qui parut sans l'aveu de son auteur par l'infidélité d'un copiste, rendit irrévocable l'exil de Fénelon et changea en haine la froideur royale. Louis XIV avait fait saisir les épreuves du livre chez le libraire Barbin qui l'imprimait ; les éditeurs de Hollande s'en emparèrent alors et en inondèrent l'Europe. Le roi, de plus en plus irrité, raya lui-même Fénelon de la liste des officiers de sa maison ; il donna l'ordre à la police de surveiller toutes ses démarches. Les gens de l'archevêque furent arrêtés et fouillés ; ses lettres furent interceptées ; il vint un moment où la correspondance entre le duc Bourgogne et son maître fut interrompue. Au bout de quatre années seulement, le prince put faire parvenir à son précepteur cette belle et noble lettre dans laquelle il l'assurait que, loin de s'être refroidies, son amitié et sa reconnaissance avaient grandi par l'adversité : « Enfin, mon cher archevêque, je trouve une occasion favorable de rompre le silence où j'ai demeuré depuis quatre ans ! J'ai souffert bien des maux

Le duc de Beauvilliers, gouverneur du duc de Bourgogne, *d'après Bonnart.*

depuis, mais un des plus grands a été de ne point vous témoigner ce que je sentais pour vous pendant ce temps, et que mon amitié augmentait par vos malheurs, loin d'en être refroidie. Je ne vous dirai point ici combien je suis révolté moi-même contre tout ce qu'on a fait à votre égard; mais il faut se soumettre à la volonté de Dieu. »

De son côté, Fénelon, relégué à Cambrai avec la conviction de n'en sortir qu'après la mort de Louis XIV, n'oubliait pas son disciple bien-aimé. Il correspondait secrètement avec ses amis les ducs de Beauvilliers et de Chevreuse, qui, d'après ses conseils, ne cessaient de travailler avec le duc de Bourgogne, écrivaient pour lui des mémoires, s'entretenaient de leurs espérances, de leurs projets, de Fénelon absent par le corps, mais présent par l'âme et par l'esprit. Ils se réunissaient, dit Saint-Simon, « pour se parler de lui, pour le regretter, pour le désirer, pour se tenir de plus en plus à lui, comme les juifs pour Jérusalem, et soupirer après son retour et l'espérer toujours (1). »

C'est de Cambrai que Fénelon fit parvenir au duc de Bourgogne l'opuscule intitulé: *Examen de*

____

(1) Saint-Simon, XII, p. 63.

conscience sur les devoirs de la royauté. Dans cet ouvrage, où il semble parler à la fois en confesseur siégeant au tribunal de la pénitence et en ministre siégeant à la table du conseil, puisqu'il y embrasse tous les actes quelconques et toutes les pensées possibles d'un roi, on retrouve la morale et la politique du *Télémaque*. La monarchie qu'il espérait établir sous le règne de son élève ne diffère pas beaucoup du gouvernement que Mentor proposait à Idoménée de faire prévaloir dans la ville de Salente. C'est avant tout une monarchie chrétienne, qui soumet les rois comme les sujets à la règle suprême de l'Évangile :

« Étudiez-vous vos devoirs dans cette loi divine? Souffririez-vous qu'un magistrat jugeât tous les jours les peuples en votre nom, sans savoir vos lois et vos ordonnances, qui doivent être la règle de ses jugements? Espérez-vous que Dieu souffrira que vous ignoriez sa loi, suivant laquelle il veut que vous viviez et que vous gouverniez son peuple? Ne vous êtes-vous pas imaginé que l'Évangile ne doit pas être la règle des rois comme celle de leurs sujets, que la politique les dispense d'être humbles, justes, sincères, modérés, compatissants, prêts à pardonner les injures? Quelque lâche et corrompu flatteur ne vous a-t-il point dit, et n'avez-vous point été bien aise de croire que les rois ont besoin de se gouverner pour leurs États, par certaines maximes de hauteur, de dureté, de dissimulation, et s'élevant au-dessus des règles communes de la justice et de l'humanité ? »

Il faut donc que la royauté soit également éloignée de l'anarchie et du pouvoir arbitraire, qu'elle soit modérée par les lois, milieu entre les deux extrémités. Le monarque doit le bon exemple à ses sujets ; il faut que sa conduite soit simple et austère, ennemie du luxe et du faste :

« Quoique vous soyez roi, vous devez éviter tout ce qui coûte beaucoup et que d'autres voudraient avoir comme vous. Il est inutile d'alléguer que nul de vos sujets ne doit se permettre un extérieur qui ne convient qu'à vous : les princes qui vous touchent de près voudront faire ce que vous ferez ; les grands seigneurs se piqueront d'imiter les princes ; les gentilshommes voudront être comme les seigneurs ; les financiers surpasseront les seigneurs mêmes ; tous les bourgeois voudront marcher sur les traces des financiers. Personne ne se mesure et ne se fait justice. De proche en proche, le luxe passe, comme par une nuance imperceptible, de la plus haute condition à la lie du peuple. Si vous avez de la broderie, les valets de chambre en porteront. Le seul moyen d'arrêter tout court le luxe est de donner vous-même l'exemple d'une grande simplicité. Il ne suffit pas de le donner en habit ;

il faut le donner en meubles, en équipages, en
tables, en bâtiments. »

Grâce à l'économie, que Fénelon regarde
comme un des importants devoirs de la royauté,
les impôts, dont le peuple souffre horriblement,
pourront être allégés ; la vénalité des offices et
des charges ne prendra plus ces proportions
scandaleuses que Fénelon flétrit éloquemment :

« De telles créations ne sont que des impôts dégui-
sés. Elles se tournent toutes à l'oppression des peuples et elles ont trois inconvénients que les simples
impôts n'ont pas. Elles sont perpétuelles. Ceux qui
achètent les offices créés veulent retrouver au plus
tôt leur argent avec usure ; vous leur livrez le peuple
pour l'écorcher. Vous ruinez, par ces multiplica-
tions d'offices, la bonne police de l'État ; vous rendez
la justice de plus en plus vénale. »

Sans doute il faut se procurer de l'argent
pour subvenir à la défense de la patrie et à l'entretien de l'armée ! Mais combien ces dépenses
diminueront, si le roi se borne à préparer la
guerre, pour n'être pas réduit à la calamité de
la faire, s'il a de la prudence et de la modération, l'horreur du sang, une habile diplomatie,
l'âme pacifique. Tout d'abord qu'il prenne soin

de ne point causer quelque dommage injuste aux nations étrangères :

« On pend un pauvre malheureux pour avoir volé une pistole sur le grand chemin, dans son besoin extrême, et on traite de héros un homme qui fait la conquête, c'est-à-dire qui subjugue injustement les pays d'un État voisin. L'usurpation d'un pré ou d'une vigne est regardée comme un péché irrémissible au jugement de Dieu, et on compte pour rien l'usurpation des villes et royaumes. Prendre un champ à un particulier est un grand péché, prendre un grand pays à une nation est une action innocente. »

Fénelon invite donc le duc de Bourgogne à se prémunir contre les mauvais conseils de l'ambition, à ne point regarder sa gloire personnelle comme une raison d'entreprendre la guerre, de peur de passer sa vie sans se distinguer des autres princes. Il le supplie de bien examiner, avant de partir en campagne, s'il sert uniquement les intérêts de son peuple. S'il est forcé de renoncer à la paix, qu'il respecte le droit des gens, qui est le fond de l'humanité même ! Qu'il ne fasse aux ennemis que ce qu'il pense qu'ils ont le droit de lui faire ! Qu'il soit fidèle à tenir parole aux adversaires pour les capitulations et les cartels !

Qu'il ne leur cause pas de maux inutiles! Qu'il exécute ponctuellement les traités!

Toutes ces nobles maximes, tous ces préceptes si généreux ont été déjà exprimés dans le *Télémaque*. De même on retrouve dans l'*Examen de conscience* quelques-unes des chimères que Mentor enseigne soit au fils d'Ulysse, soit à Idoménée. Quand Fénelon exige que le roi soit aussi simple dans ses habits que le commun de ses sujets; quand, s'étendant sur les dangers du luxe, il se plaint comme d'un prodige qu'il y ait à Paris plus de carrosses à six chevaux qu'il n'y avait de mules, il y a cent ans, et qu'au lieu d'une seule chambre à plusieurs lits, comme au temps de saint Louis, on ne puisse se passer d'appartements vastes et d'enfilade; quand il expose cette idée que, si le roi a des prétentions personnelles sur quelque succession dans les États voisins, il doit faire la guerre sur son épargne et tout au plus avec les secours que ses peuples lui donnent par pure affection; quand, dans sa haine de l'espionnage, il invente une sorte de police secrète, mais licite, faite à contre-cœur par d'honnêtes gens, que le roi obligerait malgré eux à observer ce qui se passe et à l'en avertir charitablement, nous reconnaissons là les rêves de l'auteur du

Télémaque s'obstinant à imaginer une civilisation irréalisable pour vouloir la chercher au delà des limites imposées à l'imperfection humaine dans la conciliation de la plus sévère morale et des nécessités de la politique.

Le même mélange de rénovation hardie et de rêverie chimérique éclate dans les *Plans de Gouvernement*, que Fénelon avait concertés avec le duc de Chevreuse pour être proposés au duc de Bourgogne. Nous y revoyons aussi noble et honnête, aussi juste et pur, ce type de royauté que Fénelon aimait à rapporter aux exemples de saint Louis ; malheureusement nous y rencontrons encore bien des conseils impraticables dans les développements qu'il donne à ses principes. « Voici les moyens que Fénelon propose pour rétablir l'État : renouveler les lois somptuaires ; renoncer à toute dépense pour les arts et les bâtiments jusqu'à l'acquittement de la dette ; réduire les appointements ; réduire les dettes au denier trente ; établir partout des assiettes pour la répartition de l'impôt ; créer des États provinciaux, auxquels seraient attribuées la police et la destination des fonds ; rétablir les États généraux, mais sur un pied plus aristocratique qu'autrefois : ils seront com-

8

posés des évêques, d'un seigneur de haute noblesse et d'un homme considérable du tiers, élus
dans chaque diocèse; ils délibéreront sur les
fonds pour charges extraordinaires, sur la
guerre, sur toutes les matières ; ils seront
triennaux et dureront autant qu'ils voudront.
Plus de ministres ; un conseil d'État, toujours
présidé par le roi, et six autres conseils com-
posés de grands personnages, régleront toutes
les affaires (1). »

Dans l'Église, les réformes que veut Fénelon
seront très aristocratiques. Il donne aux évêques une grande indépendance dans leurs rapports avec l'autorité royale et un pouvoir très
étendu sur le clergé inférieur.

Quant à la noblesse, s'il lui attribue toutes
les charges de la maison militaire et civile du
roi, ce n'est certes pas pour la mettre à la
discrétion du souverain; car le fond de sa
pensée est de la fortifier et de la séparer nettement des roturiers. En ce qui concerne les
grades, les dignités, les hautes fonctions judi-
ciaires, il lui réserve la part du lion. D'ailleurs
il lui défend sévèrement les mésalliances.

(1) Henri Martin, t. XIV, p. 550.

Enfin, revenant sur l'une des idées qu'il a développées dans le *Télémaque* avec le plus de complaisance, Fénelon conseille de ne rien négliger pour la prospérité de l'industrie et du commerce, dont il confie les intérêts à la vigilance des États généraux et provinciaux. La vénalité des charges devra être abolie, les coutumes seront corrigées et réunies dans un bon code ; la noblesse pourra sans déroger se livrer au commerce. On établira des manufactures, mais sans prohiber les marchandises étrangères ; on proclamera la liberté des échanges avec les Anglais et les Hollandais, attendu que, suivant Fénelon, la France sera toujours assez riche, tant qu'elle vendra bien ses blés, ses huiles, ses vins, ses toiles, tout ce qui sort de son sol si fertile. Les autorités se feront un devoir de consulter en ces matières les commerçants, qui formeront une espèce de bureau. L'État n'hésitera pas à aider de son crédit ceux qui, voulant se consacrer au commerce, n'auront pas les avances nécessaires. La marine militaire sera réduite au profit de la marine marchande, qui sera sans cesse protégée.

II

Ainsi élevé par Fénelon dès son enfance, toujours, quand il atteint l'âge d'homme, dirigé par lui, recevant de loin comme de près ses instructions et ses conseils, le duc de Bourgogne avait complètement triomphé de sa nature rebelle et farouche. Il était devenu « un prince affable, doux, humain, pénitent, et, autant et quelquefois au delà que son état pouvait comporter, humble et austère pour soi. » Ces vertus sont de celles que Mentor recommande à Télémaque ; mais le prince en pousse quelques-unes à l'excès, si bien que Fénelon, sachant qu'on l'accuse de se ressentir beaucoup trop de l'éducation qu'il a reçue, cherche dans ses lettres à le ramener dans une juste mesure.

Le duc de Bourgogne, instruit par un prêtre, est profondément religieux, mais il se laisse aller volontiers à une dévotion solitaire et sombre. Absorbé par les pratiques de piété jusqu'au point d'alarmer une cour où s'offre chaque jour le scandale des mœurs, fuyant les plaisirs

Le duc de Bourgogne jeune homme, *d'après Rigaud*.

par goût et par devoir, il modifie pourtant peu à peu son humeur très sévère et il revient au monde selon les exigences de sa fortune et de son rang. D'ailleurs, il ne cède pas aux séductions corruptrices dont on l'entoure ; il continue, selon les leçons de son maître, à se défendre contre le faste et le luxe, au point qu'on le voit refuser cinquante mille francs par mois, que Louis XIV lui concède pour ses menus plaisirs, et se contenter de douze mille.

Fénelon avait voulu faire de son élève un prince pacifique ; Mentor lui avait tracé une sombre image du roi ambitieux et conquérant. C'est donc avec la crainte et la haine de la guerre que le duc de Bourgogne, chargé, en 1701, des opérations militaires, alla prendre le commandement de l'armée d'Allemagne. Il y montra de l'intelligence et de la bonne volonté ; mais sous lui les armes françaises ne furent pas heureuses. Aussitôt les uns lui refusèrent absolument les qualités du général ; les autres imputèrent les fautes qui furent commises pendant le cours de la campagne à des travers dont on se plaisait à rendre Fénelon responsable. On se racontait avec ironie que, dans le fort de la guerre, le jeune prince avait écrit à son ancien précepteur pour lui demander s'il était mal de loger dans une abbaye de filles. On faisait courir le bruit qu'au moment même où la ville de Lille tombait aux mains des ennemis, le duc de Bourgogne perdait plusieurs heures à assister à une procession. On ajoutait que, quand on vint lui annoncer la prise de la ville, il jouait au volant et qu'il ne daigna pas interrompre sa partie. On répétait malignement les paroles que lui avait, disait-on, lancées un des gentilshommes attachés à sa personne : « Je ne sais si vous aurez le royaume du ciel ; mais pour celui de la terre, le prince Eugène et Marlborough s'y prennent mieux que vous. » On lui reprochait de ne pas savoir tenir ses délibérations secrètes, de telle sorte que les ennemis en étaient facilement informés, de ne pas se faire éclairer, de ne rien prévoir, de ne pas étudier le pays, d'ignorer les noms et les visages de ses officiers, de ne pas se montrer aux soldats, de se renfermer trop souvent avec son confesseur aux heures où il aurait dû tenir le conseil ou paraître au milieu des troupes. Tous ces bruits arrivaient aux oreilles de Fénelon, qui en souffrait d'autant plus cruellement qu'il savait qu'on attribuait les erreurs de son élève aux instructions qu'il lui avait don-

nées dans son enfance. Peut-être la conscience
délicate du prélat se demandait-elle si les fautes
du prince n'avaient pas quelque source dans
une observation trop étroite des doctrines du
Télémaque. Aussi lui écrivait-il à ce propos :
« Vous savez combien j'ai toujours été éloigné
de vouloir vous inspirer de tels sentiments ;
mais il ne s'agit nullement de moi qui ne
mérite d'être compté pour rien ; il s'agit de
l'État et des armes du roi, que je suis sûr que
vous voulez soutenir (1). »

Retiré des camps, le duc de Bourgogne se sen-
tit porté à reprendre ses habitudes de retraite
timide et de méditation solitaire. Saint-Simon
nous le représente « mesuré à l'excès, renfermé,
raisonnant, pesant et comparant toutes choses,
quelquefois incertain, ordinairement distrait, »
se perdant dans les minuties, passant une trop
grande partie de sa vie dans son cabinet, *à des
occupations scientifiques, à des rêveries, à la pour-
suites de chimères*. Il lui reproche, en outre, d'a-
buser des lettres, de se noyer dans une inter-
minable correspondance, alors qu'il aurait fallu
agir. Le duc de Bourgogne ne se dissimulait

(1) *Lettre* 191, du 25 oct. 1708.

pas les inconvénients de sa timidité et les dangers
de son irrésolution ; il sentait combien certaines
qualités nécessaires à la vie publique et à la conduite des hommes lui manquaient. « Il confes-
» sait son indécision ; il avouait qu'il se laissait
» aller à un serrement de cœur et aux noirceurs
» causées par les contradictions et les peines de
» l'incertitude ; que quelquefois, paresse ou né-
» gligence, d'autres, mauvaise honte ou respect
» humain, l'empêchaient de prendre des partis
» et de trancher net dans des choses impor-
» tantes (1). »

Fénelon, qui recevait les confidences de cette
âme qu'il avait trop tenue à la lisière, et dont il
avait, à son insu, trop comprimé la personnalité,
s'efforçait par ses lettres de tout réparer en lui
soufflant l'énergie et la résolution. Il le suppliait
de n'être pas « *trop particulier* », de se faire accessible, ouvert à tous, de fréquenter les personnes les plus considérées, de ne point se contenter des vertus qui sont l'ornement d'une vie
privée, d'acquérir les qualités dont le futur roi
de France ne saurait se passer. Qu'il soit ferme !
Qu'il apprenne à connaître les hommes ! Qu'il

_____

(1) Correspondance avec Fénelon.

ait de la hardiesse dans les actions, de la netteté dans ses paroles! Qu'il ait de la largeur
dans ses vues! Qu'il dépouille l'écolier et qu'il
pense par lui-même! Qu'il fasse aimer, craindre
et respecter la vertu jointe à l'autorité! Qu'il se
mette en garde contre les excès d'une dévotion
trop ombrageuse :

« Pour votre piété, lui écrit-il, si vous voulez lui
faire honneur, vous ne sauriez être trop attentif à
la rendre douce, commode, sociable. Il faut vous
faire TOUT A TOUS pour les gagner tous (1). »

Dans une autre lettre, à quelques jours de
distance, Fénelon ajoutait :

« Vous devez faire honneur à la piété et la rendre
respectable dans votre personne. Il faut la justifier
aux critiques et aux libertins. Il faut la pratiquer
d'une manière douce, noble, forte et convenable
à votre rang. Un prince ne peut pas à la cour et
à l'armée régler les hommes comme des religieux...
Je prie Dieu tous les jours que l'esprit de liberté
sans relâchement vous élargisse le cœur pour vous
accommoder aux besoins de la multitude (2). »

Cependant Fénelon recevait peu à peu la ré-

(1) 27 sept. 1708.
(2) 15 oct. 1708.

compense de ses efforts. Si le duc de Bourgogne devait à son précepteur et à l'éducation qu'il lui avait donnée quelques défauts graves chez un prince destiné au trône, il lui dut également de s'en corriger. Il prenait, en effet, mille peines pour satisfaire son maître en se rendant digne de la couronne par sa conduite et par ses travaux. Il projetait une réforme générale de la société française, empreinte de l'esprit aristocratique et chrétien des ducs de Beauvilliers et de Chevreuse; il méditait l'application d'idées politiques et économiques qui, on en a la certitude par ses écrits, que son biographe a publiés (1), et par les longs récits de Saint-Simon, étaient généralement conformes aux propositions de Fénelon. N'est-ce pas dans le *Télémaque* qu'il a pris le dessein d'ôter la confusion des classes de la société et de mettre rigoureusement les gens à leur place? N'a-t-il pas puisé dans l'*Examen de conscience* la volonté de relever la noblesse et de lui rendre dans l'armée, dans la politique, dans l'Église, dans la magistrature, toutes les hautes fonctions usurpées par les hommes sortis de la bourgeoisie? N'est-ce pas en disciple

(1) *Vie du duc de Bourgogne,* par l'abbé Proyart.

fidèle aux leçons et aux préjugés de son précepteur qu'il vise à rétablir la vieille hiérarchie
brisée par les rois eux-mêmes et à reconstituer
en France une aristocratie gouvernante? N'est-
ce pas encore le même esprit qui lui inspire
l'horreur de l'hérésie et l'ardent désir de consacrer à la défense de l'orthodoxie catholique la
force des lois civiles et la rigueur des lois politiques? Ne se souvient-il pas de Mentor dictant
à Idoménée la constitution de Salente, quand il
dédaigne les beaux-arts, se défie des poètes et
des gens de lettres, renonce aux spectacles, dont
il dénonce l'immoralité, et va dans sa rigidité
jusqu'à vouloir réformer les mœurs du pays,
même aux dépens de la sociabilité et de la splen-
deur nationales? Il est indubitable que sur tous
ces points l'administration du jeune prince se
fût ressentie des doctrines de Fénelon, faussées
d'ailleurs et exagérées par le disciple, qui se
montre infiniment plus étroit et plus rigoureux
que son maître.

Mais si le duc de Bourgogne, sacrifiant les
conquêtes et les institutions de la monarchie,
démantelant le pouvoir royal, caressant des
projets téméraires, avait le malheur de suivre
aveuglément les traces dangereuses de Fénelon,

il lui devait, en revanche, de montrer pour le peuple une àme généreuse et compatissante, de décréter l'égalité de tous les citoyens devant la loi, de soumettre à l'impôt le clergé et la noblesse, de soulager ainsi le reste de la nation, qui supportait toutes les charges du Trésor. Sous la bienfaisante influence de son illustre guide, « il réformait les monstrueux abus du régime financier, il régénérait l'agriculture et le commerce, devinait le grand rôle de l'industrie et lui frayait la route. Il comprenait que la paix était la vie des sociétés, et il gémissait de cette longue guerre qui ensanglantait l'Europe depuis dix ans. Son système est plein de contradiction ; il veut raffermir la royauté et il l'ébranle ; il proscrit la guerre et il établit une noblesse militaire; il affranchit le commerce et il reconstitue la féodalité ; il confond le XVIIe et le XVIIIe siècle, l'avenir et le passé. Ces projets contiennent toutefois des pensées et des aspirations qui décèlent une belle âme. La vie du prince est, d'ailleurs, le meilleur commentaire de son système. Il ne faut pas l'oublier, il l'écrivait à vingt ans, au milieu des séductions de la puissance, au pied du trône ; et lui, qui n'avait pas souffert, il a travaillé toute sa vie pour soulager ceux qui souffraient. A ce titre seul, le duc de Bourgogne mérite un pieux souvenir. Enfin il est tombé avant l'heure, et ce travail, interrompu par la mort, a quelque chose d'inachevé qui désarme et qui touche (1). »

En effet, le disciple chéri de Fénelon fut prématurément emporté au moment où il semblait toucher au trône et être sur le point de recevoir le dépôt des destinées de la patrie. Le 18 février 1712, six jours après la duchesse sa femme, le dauphin mourut de ce mal étrange qui frappa la famille royale dans plusieurs de ses membres. A cette nouvelle, la douleur de Fénelon fut immense ! Tout l'espoir qu'il avait d'un meilleur avenir descendait dans la tombe avec son élève bien-aimé. Le malheureux archevêque écrivait au duc de Chevreuse :

« Je suis saisi d'horreur et malade de saisissement sans maladie. En pleurant le prince mort qui me déchire le cœur, je suis alarmé pour les vivants (2). »

(1) Ernest Moret, *Quinze ans du règne de Louis XIV*, t. II, p. 226.
(2) 24 février 1712.

CHAPITRE V.

FÉNELON A CAMBRAI.

Fénelon, retiré à Cambrai, fait trois parts de
sa vie. Il consacre la première à ses devoirs purement ecclésiastiques, à l'administration de son
diocèse, à la conduite des âmes et des consciences;
la seconde à la culture des lettres, aux contro-
verses philosophiques et morales; la troisième
aux affaires politiques du royaume, à ses rapports
épistolaires avec le dauphin et ses amis les ducs
de Chevreuse et de Beauvilliers, à la critique
du règne finissant, à la préparation du règne
futur (1).

Dès que Louis XIV, au mois d'août 1697,
ordonne à Fénelon de quitter la cour et de s'exi-

(1) *Fénelon à Cambrai, d'après sa correspondance*, par Emmanue
de Broglie.

ler à Cambrai, pour y attendre la fin de son procès théologique, qui s'instruit à Rome, l'archevêque, destiné désormais à ne plus s'éloigner de sa ville épiscopale et à vivre dans une province plus flamande encore que française, supporte sans faiblesse apparente, avec une résignation pleine de dignité, la disgrâce complète qui le frappe. Puis, quand le pape condamne son livre des *Maximes des Saints*, il accepte l'arrêt du souverain pontife, et, sauf dans les confidences de ses lettres intimes, il fait lui-même le silence sur ces matières qui ne l'ont que trop longtemps et trop douloureusement occupé. « Pour moi,
» qui suis si soumis, s'écrie-t-il alors, on m'é-
» crase. Dieu soit loué! Il faut s'accommoder de
» tout sans se plaindre, et demeurer soumis
» avec affection pour l'Église mère, et porter
» humblement l'humiliation (1). » Fénelon ne laisse donc échapper ni ressentiment ni amertume, quoiqu'il en soit du fond de son cœur, et il cherche dans l'accomplissement de son ministère le remède à ses maux et à ses chagrins. Moins de deux mois après sa condamnation, il est en pleine tournée pastorale; il prêche, il con-

____

(1) Correspondance, X, 585.

fesse, il confirme ; tous les dimanches, il officie lui-même solennellement ; il admet à son tribunal non seulement les grands et les riches, mais une fois par semaine, chaque samedi, tous ceux qui s'y présentent. Il va au-devant des petits et des humbles. Il aime à se promener seul dans les environs de Cambrai ; dans ses visites diocésaines, il réjouit et honore de sa présence les cabanes des paysans, il prend place sur la chaise de bois au coin de la cheminée rustique, il cause avec eux, il les soulage et les console.

Sa correspondance est pleine de ces souvenirs champêtres ; il y a dans les billets familiers qu'il écrivait au cours de ses visites pastorales des tableaux d'une grâce simple dans l'expression des sentiments et d'un goût délicat :

« Il y a sous mes fenêtres cinq ou six lapins blancs qui feraient de belles fourrures ; mais ce serait dommage, car ils sont fort jolis et mangent comme un grand prélat. Je vois aussi deux petits coqs, l'un noir et l'autre à plumage couleur d'aurore. Ils sont comme la France et l'Empire ; le noir est Achille, et l'aurore est Hector.... Je me repose et me ménage beaucoup : c'est être en solitude. Je ne parle qu'à des paysans qui ne font point partie de ce que j'appelle le monde... J'ai vu quelques jolis paysages de vallons et de coteaux sur le bord de la forêt de Mormal. »

Il a sur le sort de son peuple des paroles touchantes, qu'on se répète de village en village. Il perd dans un incendie sa bibliothèque et il s'écrie en parlant de ses livres : « J'aime bien mieux qu'ils soient brûlés que la chaumière d'une pauvre famille ! » On raconte sur le bon archevêque des histoires naïves, qui sont devenues des légendes. Un de ses curés se félicite devant lui d'avoir aboli les danses des paysans les jours de dimanches et fêtes. « Monsieur le curé, lui aurait dit Fénelon, ne dansons point ; mais permettons à ces pauvres gens de danser. Pourquoi les empêcher d'oublier un moment combien ils sont malheureux ? » Pendant la guerre qui dévaste son diocèse, il aurait aperçu un paysan pleurant et gémissant ; il lui en aurait demandé la raison. « Hélas ! lui dirait le paysan, je n'ai pas eu le temps, en fuyant de ma cabane, d'emmener une vache qui nourrissait ma famille ! » Fénelon, à la faveur de son sauf-conduit, partirait sur-le-champ, accompagné d'un seul domestique, trouverait la vache et la ramènerait lui-même au paysan (1).

Le dernier biographe de Fénelon démontre

____

(1) D'Alembert, *Éloge de Fénelon.*

que cette légende n'a aucun fondement, aucune
vraisemblance. Elle a du moins cette importance
de faire voir la profonde impression que la charité
de l'archevêque avait produite sur les populations rurales de son diocèse. Car elle est née
sûrement du vivant de Fénelon ; elle a été
recueillie par d'Alembert, qui la raconte dans
son éloge académique du prélat, et plus tard,
pendant la Révolution, quand Marie-Joseph
Chénier fit représenter sa tragédie intitulée
Fénelon, idylle remplie de sentimentalité et de
philosophie larmoyante, dans laquelle l'archevêque de Cambrai est montré comme le type du
patriotisme, de la tolérance, de la pitié généreuse,
le poète n'a pas manqué de raconter en vers
attendris l'anecdote de la vache cherchée toute
une nuit et ramenée à son maître, pleurant de
reconnaissance et de joie, par l'illustre prélat lui-
même.

La bienfaisance et la charité de Fénelon sont
inépuisables. Certes, l'archevêque est un très
grand et très riche seigneur. Prince du Saint-
Empire romain pour la partie de son diocèse,
qui demeure terre impériale, duc de Cambrai
pour la partie française, seigneur de dix pa-
roisses et de toute la châtellenie du Câteau-Cam-

brésis, c'est-à-dire le plus puissant propriétaire de la province, il a une mense épiscopale dont les revenus s'élèvent à cent mille écus; il habite un palais magnifique, il a des appartements grandioses et bien meublés, il prend ses repas entouré de toute sa maison. Mais si Fénelon accepte et entretient le luxe que sa race et son rang réclament, il n'est ni fastueux ni prodigue. Sa table est servie sans la moindre recherche; le souper est uniquement composé d'œufs et de légumes. Grand amateur des longues promenades à pied, Fénelon n'a pas de somptueux équipages. D'ailleurs, il veut tout savoir et ne souffre aucun désordre dans les affaires domestiques ; il allie soigneusement à une certaine magnificence, dans les occasions où il est convenable d'en user, une sévère économie. Pourtant, malgré la modestie de ses goûts, la simplicité de ses habitudes et l'ordre parfait qui règne dans ses dépenses, il ne tarde pas à être endetté. C'est que, si ses revenus sont très considérables, ils sont aléatoires et à cause du malheur des temps rentrent avec beaucoup de difficulté. En outre, Fénelon est la charité même. « Dès le début de son épiscopat, il dépense tous les revenus de son évêché en aumônes distribuées avec un soin vigilant et perpicace, ne réservant que le strict nécessaire pour tenir sa maison sur un pied convenable à son rang. Tout le reste passe aux hôpitaux, aux monastères, aux pauvres honteux. Il visite régulièrement les malades et les prisonniers, distribuant lui-même les secours et les exhortations pieuses. Tant que la guerre amène seulement un passage continuel de troupes, il s'efforce de donner des vivres à ces soldats, qui souvent n'ont pas de pain. La garnison de Cambrai manque une fois de vivres ; ne sachant que faire pour remédier à cet état de choses qui menace la sécurité de la ville, l'archevêque fait distribuer à la garnison la moitié de la provision de blé qui est destinée à nourrir sa propre maison. Tout cela se passe avant que la frontière soit envahie ; lorsqu'en 1708 la guerre est reportée par nos défaites aux environs de Cambrai, la charité de Fénelon s'étend avec les besoins, et ses aumônes deviennent plus abondantes encore. Après le sanglant combat de Malplaquet, Cambrai est rempli de fuyards et de blessés, en même temps que les paysans s'y réfugient en foule avec leurs troupeaux ; Fénelon ouvre toutes grandes les portes de son palais et y reçoit tous les fugitifs sans distinction... Fénelon veut nourrir tout

le monde à ses dépens... Une fois le flot des
fuyards passé, c'est le tour des officiers et des
soldats blessés à Malplaquet. L'archevêque ouvre
sa maison à tous les officiers malades ou bien
portants, français ou prisonniers étrangers. Il a
ainsi jusqu'à cent cinquante personnes à sa
table (1). »

La générosité de Fénelon excite alors l'admiration universelle ; les ennemis eux-mêmes
rendent plus d'une fois un solennel hommage à
ses vertus, et leurs généraux lui marquent de la
reconnaissance et de la considération jusqu'à
donner l'ordre d'épargner ses terres. Grâce à
cette singulière circonstance, il est assez heureux pour fournir en partie le blé qui sert à empêcher les armées françaises de mourir de faim
après le terrible hiver de 1709 (2).

Comment un tel pasteur n'aurait-il pas été
vénéré et chéri par ses diocésains ? Aussi doit-on
proclamer que nul n'a fait mieux et plus que
Fénelon pour attacher définitivement à la France
ces populations flamandes qui venaient à peine
de lui être réunies, et qui gardaient leurs cou-

(1) E. de Broglie, p. 213-215.
(2) De Broglie.

tumes anciennes et quelques préjugés contre les
étrangers. Quant aux prêtres, ils ne tardèrent
pas à subir les séductions infinies et le charme
irrésistible de leur archevêque, qui sut si bien
pénétrer dans les esprits et dans les cœurs qu'il
se rendit entièrement maître de son clergé.
« Il laissa chacun tranquillement à sa place,
prescrivit aux prêtres qu'il avait amenés avec
lui les plus grands ménagements pour l'amour-
propre des Flamands; il les réprimanda même
une fois sévèrement, parce qu'ils avaient voulu
forcer tout d'un coup les enfants à réciter le
catéchisme en français. Il n'écarta de l'évêché
aucun des anciens conseillers de son prédéces-
seur, et eut soin de choisir toujours un de ses vi-
caires généraux dans le clergé du diocèse. Il ne
décidait aucune affaire sans avoir pris l'avis de
son conseil, où les membres du chapitre de Cambrai étaient admis. Il réussit bien vite à dissiper
les préjugés des Flamands contre un archevêque
né en Périgord et qui arrivait en droite ligne de
Versailles. On oublia bientôt qu'il n'était pas ori-
ginaire de la Flandre, en le voyant peu enclin à
mépriser les habitants du pays et si décidé à
leur rendre justice (1). »

(1) De Broglie.

9

Ceux-là mêmes qui, dans le diocèse, s'écartaient de l'orthodoxie, n'eurent pas à se plaindre de Fénelon. Certes, il était un fidèle gardien de la doctrine, et, comme il le disait, il se fût brûlé lui-même plutôt que de laisser l'Église en péril! Mais il était bon, humain, compatissant, opposé à la violence. Très hostile aux théories de Port-Royal, il se garda bien de persécuter les jansénistes qui faisaient partie de son troupeau. Saint-Simon, très attaché au jansénisme et ordinairement si peu bienveillant pour Fénelon, a écrit : « Les jansénistes étaient en paix profonde dans le diocèse de Cambrai, et il y en avait grand nombre ; ils s'y taisaient, et l'archevêque aussi à leur égard... »

Pour convertir les incrédules et les hérétiques, Fénelon ne voulait se servir ni de la force ni de la menace ; mais il comptait sur l'éloquence de sa parole insinuante et persuasive. C'est pourquoi il allait prêcher dans toutes les Églises de son diocèse, et plus d'une fois il revint à Cambrai avec une complète extinction de voix que lui avait causée la fatigue de ses constantes prédications. La forme d'éloquence qu'il préfère, c'est l'ancienne *homélie*, le sermon familier, simple comme la conversation et capable pourtant

de s'élever à de pathétiques accents. Il s'efforce,
en prodiguant sa parole, d'apprendre à son clergé
l'art de maintenir l'éloquence de la chaire dans
des voies religieuses, de l'arracher aux servi-
tudes des scolastiques, de substituer à la froideur, à la recherche, au vain souci de plaire, l'i-
déal du naturel et du vrai, c'est-à-dire l'exemple
des anciens, tempéré par les qualités propres
dans lesquelles Fénelon excelle entre tous (1).
L'archevêque de Cambrai parle comme il écrit,
se souciant peu des règles savantes et des théories traditionnelles, s'en fiant uniquement à son
facile esprit, à son goût délicat, aux inspirations
de son heureux génie. Sa grâce simple et naturelle « semble un don de la Muse grecque dans
une littérature d'éducation surtout latine, où la
pensée est rarement de premier jet, et l'éloquence de premier mouvement. Chez lui, tout
coule de source, avec une abondance qui ne lasse
jamais (2). »

Fénelon, occupant la chaire chrétienne dans
l'extrême maturité de son âge, de sa dignité
épiscopale et de son génie, se conforme aux

1. Voir le sermon sur la vocation des Gentils janvier 1685).
2. Vacherot, Discours lu à la séance publique des cinq Acadé-
mies, le 24 oct. 1885.

préceptes qu'il avait développés autrefois, au temps de sa jeunesse, dans ses *Dialogues sur l'éloquence*. Là, Fénelon avait condamné l'abus du bel esprit dans la chaire chrétienne, l'ambition profane de ces prédicateurs médiocres, qui cherchent uniquement à se pousser dans les honneurs par le sermon, l'emploi exagéré des divisions et des subdivisions ; il recommandait le style simple ; il proclamait que toute grande éloquence, profane ou sacrée, repose sur de solides principes, qui ne sauraient changer ; il faisait appel non seulement aux meilleurs orateurs chrétiens comme modèles, mais encore aux plus nobles maîtres de la Grèce et de Rome, à Platon, à Démosthène, à Cicéron, à Quintilien.

Il est fâcheux que la plupart des sermons prononcés par Fénelon pendant ses tournées pastorales n'aient pas été recueillis ou analysés ; car évidemment il n'en fut pas un seul où n'éclatât quelque trait de son aimable génie et de cette piété si tendre, qui était le sentiment dominant de son cœur. Pourtant de tous ces discours, auxquels la modestie de Fénelon avait le tort d'attacher peu de prix, deux ont survécu : ils suffisent pour lui mériter une place éminente parmi les orateurs sacrés. L'un est le sermon prononcé au sacre de l'Électeur de Cologne, à Lille. C'est un fort beau morceau d'éloquence, qui parfois a l'énergie et l'élévation de Bossuet, mais qui le plus souvent vaut par l'onction persuasive, par une douce et coulante parole. « Sans exciter de violentes secousses, dit le cardinal Maury, elle s'insinue sans effort dans l'âme et y réveille les plus pieuses affections du cœur. » Vauvenargues la caractérise mieux encore, quand il définit Fénelon « un aimable génie, qui sema tant de fleurs dans un style si naturel, si mélodieux et si tendre, et fit régner la vertu par l'onction et par la douceur ». Les exemples de cette humaine et vive sensibilité abondent dans le discours prononcé à Lille : en voici un que l'auteur de l'*Essai sur l'éloquence de la chaire* se plaît à citer en le qualifiant de sublime (1) :

« O pasteurs ! loin de vous tout cœur rétréci ! Élargissez, élargissez vos entrailles. Vous ne savez rien, si vous ne savez que commander, que reprendre, que corriger, que montrer la lettre de la foi. Soyez pères; ce n'est pas assez : soyez mères; souffrez de nouveau les douleurs de l'enfantement, à chaque effort qu'il faudra faire pour achever de former Jésus-Christ dans un cœur. »

(1) Maury, LXXIV.

Ce langage si tendre et si touchant, si élégant
et si énergique tout ensemble, s'est élevé à sa
perfection dans le sermon que Fénélon prêcha
aux missions étrangères devant les ambassadeurs
du roi de Siam, le jour de l'Épiphanie, en 1685.
Dans la première partie du discours, où l'orateur expose les motifs de joie que la vocation
des Gentils doit inspirer aux chrétiens, il déploie
la magnificence d'une poésie colorée, soit qu'il
représente l'Église sous l'image de Jérusalem,
soit qu'il nous reporte à l'origine du christianisme et qu'il nous montre cette même Église déjà
plus étendue que l'empire romain, soit qu'il
retrace l'invasion des barbares, la prise de
Rome et la conversion de ses farouches vain-
queurs. Il s'écrie avec une énergie hautaine que
Bossuet n'a pas dépassé dans son discours sur
l'histoire universelle :

« Regardez ces peuples barbares, qui firent tomber
l'empire romain ! Dieu les a tenus en réserve sous
un ciel glacé, pour punir Rome païenne et enivrée
du sang des martyrs : il leur lâche la bride, et le
monde en est inondé. Mais en renversant cet empire
ils se soumettent à celui du Sauveur. Tout ensemble
ministres des vengeances et objets des miséricordes
sans le savoir, ils sont menés comme par la main

au-devant de l'Évangile ; et c'est d'eux qu'on peut
dire à la lettre qu'ils ont trouvé le Dieu qu'ils ne
cherchaient pas. »

Cependant Fénelon arrive à la louange des
missionnaires qui vont planter la croix dans
l'extrême Orient ; là, se déroule un morceau justement célèbre par la poésie grandiose des
images, par la véhémence pathétique, par l'im-
pétuosité des mouvements entraînants :

« Peuples de l'extrémité de l'Orient, votre heure
est venue ! Alexandre, ce conquérant rapide que
Daniel dépeint comme ne touchant pas la terre de
ses pieds, lui qui fut si jaloux de subjuguer le monde
entier, s'arrêta bien loin en deçà de vous ; mais la
charité va plus loin que l'orgueil. Ni les sables
brûlants, ni les déserts, ni les montagnes, ni la
distance des lieux, ni les tempêtes, ni les écueils
de tant de mers, ni l'intempérie de l'air, ni le milieu
fatal de la ligne où l'on découvre un ciel nouveau,
ni les flottes ennemies, ni les côtes barbares, ne
peuvent arrêter ceux que Dieu envoie... Vents, por-
tez-les sur vos ailes ! que le midi, que l'orient, que
les îles inconnues les attendent et les regardent en
silence venir de loin ! Ils viennent non pour enlever les richesses et répandre le sang des vaincus,
mais pour offrir leur propre sang et communiquer
le trésor céleste ! Peuples qui les vîtes venir, quelle
fut d'abord votre surprise, et qui peut la représenter ? Des hommes qui viennent à vous, sans être

attirés par aucun motif ni de commerce, ni d'ambition, ni de curiosité; des hommes qui, sans vous
avoir jamais vus, sans savoir même où vous êtes,
quittent tout pour vous, et vous cherchent à travers
toutes les mers avec tant de fatigues et de périls,
pour vous faire part de la vie éternelle qu'ils ont
découverte! Nations ensevelies dans l'ombre de la
mort, quelle lumière sur vos têtes! »

A cette abondance d'images éclatantes suc-
cède un sobre et expressif tableau, dont Fénelon
est lui-même le personnage. Par un retour sur
lui-même, l'orateur, qui autrefois avait voulu se
faire missionnaire, se demande pourquoi il ne
marche pas à la tête des prêtres dont il excite
le zèle, et il se répond en ces termes d'une humilité courageuse :

« Dieu m'en est témoin, Dieu devant qui je parle,
Dieu à la face duquel je sers chaque jour, Dieu qui
lit dans les cœurs! Seigneur, vous le savez, que
c'est avec confusion et douleur qu'en admirant
votre œuvre je ne me sens ni les forces ni le courage d'aller l'accomplir! Heureux ceux à qui vous
donnez de s'y dévouer! Heureux moi-même, malgré ma faiblesse et mon indignité, si mes paroles
peuvent allumer dans le cœur de quelque saint
prêtre cette flamme céleste dont un pêcheur comme
moi ne mérite pas de brûler! »

Fénelon termine la première partie de son

discours en présentant à l'imagination de ses auditeurs une image idéale de la ferveur qu'il suppose aux peuples orientaux nouvellement convertis:

« L'Évangile dans son intégrité fait encore sur eux son impression naturelle! O aimable simplicité! O foi vierge! O joie pure des enfants de Dieu! O beauté des anciens jours que Dieu ramène sur la terre, et dont il ne reste plus parmi nous qu'un triste et honteux souvenir! »

La seconde partie du sermon forme un saisissant contraste avec la première. Elle est empreinte d'une mélancolie exprimée avec une mâle éloquence : l'orateur y déplore les pertes faites par l'Église, les hérésies triomphantes d'abord en Europe, puis dans les régions du Levant :

« Que sont devenues ces fameuses églises-mères d'Alexandrie, d'Antioche, de Jérusalem, de Constantinople, qui en avaient d'innombrables sous elles et d'où la foi s'est levée sur nos têtes comme le soleil? C'est là que les conciles ont prononcé ces oracles qui vivront éternellement. Cette terre était arrosée du sang des martyrs, le désert même y florissait par ses solitaires. Mais tout est ravagé sur ces montagnes autrefois découlantes de lait et de miel, et qui sont maintenant les cavernes inaccessibles des

serpents et des basilics. Que reste-t-il sur les côtes
d'Afrique , où les assemblées d'évêques étaient
aussi nombreuses que les conciles universels, et
où la loi de Dieu attendait son explication de la
bouche d'Augustin? Je n'y vois plus qu'une terre
fumante encore de la foudre que Dieu y a lancée. »

Le discours ne se termine pas sur ces tableaux
si riches et si variés; Fénelon laisse dans sa
péroraison le champ libre à la tristesse du moraliste, qui contemple douloureusement les vices
de la société contemporaine et qui compare
avec amertume les misères du temps présent
aux vertus des anciens jours; nous retrouvons
là l'âme anxieuse de l'auteur du *Télémaque :*

« Que ferait plus longtemps la foi parmi nous,
chez des peuples corrompus jusqu'à la racine , qui
ne portent encore le nom de fidèles que pour le
flétrir et le profaner? La mode est une loi tyrannique à laquelle on sacrifie toutes les autres. Le dernier devoir est celui de payer ses dettes. Les prédicateurs n'osent plus parler pour les pauvres à la
vue d'une foule de créanciers dont les clameurs
montent jusqu'au ciel. Ainsi la justice fait taire la
charité, et la justice elle-même n'est plus écoutée.
Sous prétexte de se polir, on s'est amolli par la
volupté et endurci contre la vertu. On invente
chaque jour à l'infini de nouvelles nécessités pour
autoriser les passions les plus odieuses. Ce qui

était d'un faste scandaleux dans les conditions les
plus élevées, il y a quarante ans, est devenu une
bienséance pour les plus médiocres. Détestable
raffinement de nos jours! La misère et le luxe augmentent comme de concert : on est prodigue de son
bien et avide de celui des autres. Les hommes
tombent dans les langueurs mortelles de l'ennui,
dès qu'ils ne sont plus animés par la fureur de
quelque passion. »

Une telle œuvre oratoire ne fait-elle pas regretter à notre admiration qu'en prêchant dans
les églises de son diocèse il n'ait rien écrit de
ses sermons, qui eussent mis son talent dans un
si beau jour? Il faut regretter pour la gloire de
l'archevêque de Cambrai qu'en songeant beaucoup à ses ouailles il n'ait pas songé un peu à la
postérité. Que de richesses il a dû prodiguer
pendant les dix-huit années de sa vie pastorale!
Car il prêchait régulièrement tous les carèmes
dans quelque église de sa métropole, et, à certains jours plus solennels, dans sa cathédrale,
sans répéter jamais deux fois un même discours.
Dans ses tournées pastorales, l'étonnante facilité
de son génie lui fournissait sans peine et sans
effort des instructions proportionnées à l'état et
aux dispositions présentes de ses auditeurs. « Il
parlait, nous dit son premier biographe, qui

l'avait entendu souvent (1), en même temps pour les simples et pour les génies les plus sublimes. Tous ses sermons étaient faits de l'abondance de son cœur. Il ne les écrivait pas ; il ne les préméditait pas : il se contentait de se renfermer dans son cabinet pour puiser dans l'oraison toutes ses lumières. Comme Moïse, il allait sur la montagne sainte et revenait ensuite vers le peuple lui communiquer ce qu'il avait appris dans cet entretien ineffable. Dans ces discours publics, il ramenait tout à l'amour, mais à cet amour qui produit et qui perfectionne toutes les vertus. Il bannissait toutes les idées subtiles, les raisonnements abstraits, les ornements superflus, qui blessent la simplicité évangélique. Ce génie si étendu et si délicat ne songeait qu'à parler en bon père, pour soulager, pour éclairer son troupeau. »

D'ailleurs, la prédication ne suffit pas à son activité. Il ne cesse de se tenir au courant du mouvement religieux de son temps par une correspondance suivie avec les membres les plus distingués du clergé français et du clergé italien.

____

(1) Ramsay, *Hist. de la vie et des ouvrages de Fénelon*, 1727, page 87.

Il se mêle, par ses instructions pastorales, par
ses mandements, par ses lettres, aux contro-
verses ardentes contre le jansénisme, qui agite
et partage en deux factions presque égales
l'Église de France. On n'a pas de peine à comprendre que le caractère de Fénelon et l'idée
qu'il s'est faite de la bonté suprême le rendent
peu favorable à la doctrine des jansénistes, qu'il
appelle impitoyable et désespérante. D'Alembert,
dans son *Éloge de Fénelon*, dit justement que, pour
les combattre, l'archevêque de Cambrai écoutait
encore plus son cœur que sa théologie. « Dieu,
disait-il, n'est pour eux que l'être terrible ; il
n'est pour moi que l'être bon (1). »

Polémiste infatigable, joignant la grâce à la
finesse, l'onction à la force, le ton sarcastique et
hautain du grand seigneur à l'éloquence pénétrante et aux subtiles insinuations de l'orateur
chrétien, Fénelon fut aussi un directeur incomparable. Nul n'a jamais su mieux que ce souple
et facile génie prendre l'âme au moment où,
encore indécise entre le monde et Dieu, elle
hésite à choisir Dieu ; nul n'a eu une politique
plus puissante et plus savante pour la conduire

(1) D'Alembert, *Éloge de Fénelon*.

au but qu'il lui désigne. La vaste correspondance spirituelle de Fénelon est un chef-d'œuvre qui réunit les tons les plus divers, les accents les plus variés, les contrastes les plus surprenants, pour gagner les cœurs en dominant les volontés. S'il s'agit de vouer une âme à la vie religieuse, c'est merveille de voir comme Fénelon sait tour à tour endormir son anxiété, vaincre les résistances, briser les dissipations et les retours d'une imagination qui l'attache encore au monde et l'arrache à la pensée du ciel, l'emporter vers les régions du pur amour en anéantissant chez elle tout ce qui peut la lier aux vanités, aux affections, aux pensées de la terre. Alors, le mysticisme de Fénelon, racine de toutes ses vertus, aiguillon de toutes ses volontés, ne connaît plus de tempéraments. Il commande au sage et habile directeur d'être le dominateur souverain de la conscience qu'il conduit, de la tenir sous une main impérieuse autant que douce, de triompher, s'il le faut, de sa tendresse et de son émotion pour les remplacer par la sécheresse et par l'autorité inflexible. C'est alors qu'il n'hésite pas à s'accuser lui-même et qu'il écrit à une de ses pénitentes les plus aimées ces paroles, dont on s'est servi trop aisément contre lui : « Je suis sec dans mes paroles, » et à une autre : « Je suis sec dans ma conduite (1). »

Tel il se montre en effet quelquefois, quand il dirige une âme timorée et pusillanime, comme cette Madame de Montberon, femme du gouverneur de Cambrai, personne distinguée, d'une haute piété, mais mobile et faible, sans cesse poursuivie par des doutes et des inquiétudes sur son salut (2). Tout autre se montre Fénelon, quand il doit consoler une femme troublée par les mille difficultés de la vie. Alors quelle tendresse compatissante dans ses conseils, quelle douce fermeté dans ses exhortations !

« On ne saurait, écrit-il à la princesse Marie-Christine de Salm (3), être à l'abri de l'orage, quand on est exposé aux soupçons de personnes puissantes qui sont crédules, inappliquées et obsédées par des flatteurs... O madame, laissons les hommes et n'aimons que Dieu. Du moins, ne ménageons les hommes que pour l'amour de lui. Quand nous aurons fait vers les hommes ce que Dieu demande, le meilleur pour nous est que nous n'en ayons aucune récompense ici-bas. Il n'y a qu'un seul ami sur qui on puisse compter ! »

(1) *Lettres spirituelles*, édition de Sacy, t. I, p. 2s0.
(2) *Ibid., passim.*
(3) *Une nouvelle correspondance de Fénelon (Revue des questions historiques)* (1882-83), par l'abbé Rance.

Si Fénelon songe à une grande dame qu'on destine au monde, le mysticisme fait place au bon sens et à la finesse dans les avis qu'il lui donne, à la prière du duc et de la duchesse de Chevreuse :

« Ne lui décidez point qu'elle ira à l'opéra et à la comédie, et ne vous chargez jamais de ce cas de conscience qu'elle traitera avec son confesseur. Mais laissez entrer un peu d'opéra et de comédie dans l'étendue de la liberté que vous lui laissez. Ne faites point semblant de l'ignorer; ne déclarez point que vous l'approuvez; mais, sans affectation, laissez ces choses dans le train de demi-liberté où vous commencerez à la mettre. Voilà, mon bon duc, ce qui me paraît ne charger ni votre conscience, ni celle de la bonne duchesse, et qui pourra toucher le cœur de cette jeune personne (1). »

II

Tant de zèle consacré à son diocèse, tant de polémiques religieuses, tant de lettres, soit de direction, soit d'affaires, écrites à des correspon-

____

(1) Correspondance générale, I, 160.

dants qui sollicitent de toutes parts ses conseils
et ses soins, ne détournent point Fénelon de la
culture des lettres. Les dix-huit années qu'il
passe dans la disgrâce et dans l'exil sont mar-
quées par une activité littéraire qui nous étonne,
quand nous pensons à tous les soucis et aux multiples charges dont l'archevêque de Cambrai était
accablé. C'est que pour ce noble esprit, orné de
facultés si brillantes, avide de poésie et de beaux-
arts et de commerce avec les Muses, toujours
original, toujours créateur, n'imitant personne
et paraissant lui-même inimitable, l'étude est un
besoin, une nécessité essentielle, un soutien
contre le découragement, un port où il trouve
quelque calme après d'effroyables tempêtes!
Loin de s'engourdir dans l'uniformité de la besogne épiscopale et de la vie de province, le lettré
et l'écrivain se réveillent dans Fénelon. On lui a
durement reproché comme une preuve d'égoïsme
la composition de sa *Lettre à l'Académie*, écrite en
1714, alors qu'il vient de voir mourir coup sur
coup ses amis les plus chers, l'abbé de Langeron,
son confident dévoué, le duc de Bourgogne, les
ducs de Chevreuse et de Beauvilliers. On ne veut
pas admettre qu'un homme désespéré ait pu
conserver sa liberté d'esprit au point de produire

une œuvre pleine d'une grâce souriante, d'une beauté sereine, d'un talent enchanteur. Ne faudrait-il pas, au contraire, louer Fénelon d'aimer les lettres d'un si pur et si ardent amour qu'elles puissent quelquefois endormir ses plus cuisantes douleurs? Ainsi Cicéron, après la mort de sa fille bien-aimée, après la chute de la tribune et de la liberté, trouvait une consolation pour son âme abattue et déchirée dans la culture désintéressée des lettres et dans les profondes jouissance de l'étude!

A Cambrai, Fénelon revoit et achève les ouvrages de sa jeunesse; il publie son *Recueil des fables* et ses *Dialogues des Morts*; il met la dernière main à son *Télémaque*. Puis il écrit ses *Lettres sur l'autorité de l'Église*, sur la prédestination et la grâce, sa réfutation du système de Malebranche. Il fait paraître en 1712 la première partie de son *Traité sur l'existence de Dieu* où, sans vouloir pénétrer dans aucune science, il s'efforce de développer une philosophie *sensible et populaire*.

En effet, cette première partie est une démonstration tirée du spectacle de la nature en général et de la connaissance de l'homme en particulier. Il y expose cette preuve, sinon la plus pro-

bante, du moins la plus facile et la plus accessible
au commun des hommes, avec cette éloquence
insinuante et persuasive, avec cette richesse du
style et cette abondance des images qui lui sont
familières. Nulle part il n'a trouvé des descriptions plus brillantes et plus gracieuses que dans
ces pages immortelles où il se plaît à passer en
revue les merveilles du monde physique pour
y montrer partout l'éclatante empreinte d'une
puissance supérieure à l'homme. Si le penseur y
est parfois médiocrement original, l'écrivain y
est toujours incomparable. Voici, par exemple,
une paraphrase animée et colorée des mots
bibliques : *le ciel raconte la gloire de Dieu.*

« C'est pour nous faire admirer le ciel que Dieu a
fait l'homme autrement que le reste des animaux.
Il est droit et lève la tête pour être occupé de ce
qui est au-dessus de lui. Tantôt nous voyons un azur
sombre, où les feux les plus purs étincellent ; tantôt
nous voyons dans un ciel tempéré les plus douces
couleurs avec des nuances que la peinture ne peut
imiter ; tantôt nous voyons des nuages de toutes
les figures et de toutes les couleurs les plus vives,
qui changent à chaque moment cette décoration par
les plus beaux accidents de lumière... Mais que si-
gnifie cette multitude presque innombrable d'étoiles ?
La profusion avec laquelle la main de Dieu les a
répandues sur son ouvrage fait voir qu'elles ne

coûtent rien à sa puissance. Il en a semé les cieux,
comme un prince magnifique répand l'argent à
pleines mains, ou comme il met des pierreries sur
un habit. Combien doit être puissant et sage celui
qui fait des mondes aussi innombrables que les grains
de sable qui couvrent le rivage des mers, et qui conduit sans peine, pendant tant de siècles, tous ces
mondes errants, comme un berger conduit un
troupeau ! »

Le philosophe, dans cette première partie du
traité, est surtout un poète qui tourne et retourne
sous toutes ses faces l'argument des causes finales
et cette preuve si souvent répétée : l'harmonie qui
règne dans le monde n'est pas l'œuvre du ha-
sard ; il n'y a qu'une cause souverainement in-
telligente et puissante qui ait pu la produire. Le
génie littéraire de Fénelon trouve là un inépui-
sable thème à peintures éblouissantes de la nature entière. Il montre en des termes dignes
d'un Lucrèce la fécondité de la terre, l'infinie
variété des arbres et des plantes ; il décrit le
ciel, les vents, les eaux, les astres, les animaux
terrestres, et pour les décrire il y a dans son
style une souplesse, une variété, une force pitto-
resque, dont plus tard Buffon devait être jaloux ;
car il n'a pas mieux que Fénelon parlé aux yeux
et charmé les oreilles.

« *Les animaux*, dit Fénelon, *ont des* espéces innombrables. Les uns n'ont que deux pieds , d'autres en ont quatre, d'autres en ont un très grand nombre. Les uns marchent, les autres rampent, d'autres volent, d'autres nagent, d'autres volent, marchent et nagent tout ensemble. Les ailes des oiseaux et les nageoires des poissons sont des rames qui fendent la vague de l'air ou de l'eau, et qui conduisent le corps flottant de l'oiseau ou du poisson, dont la structure est semblable à celle d'un navire. Mais les ailes des oiseaux ont des plumes avec un duvet qui s'enfle à l'air et qui s'appesantirait dans les eaux : au contraire, les nageoires des poissons ont des pointes dures et sèches qui fendent l'eau sans en être imbibées et qui ne s'appesantissent point quand on les mouille. Certains oiseaux qui nagent, comme les cygnes, élèvent en haut leurs ailes et tout leur plumage, de peur de le mouiller, et afin qu'il leur serve comme de voile. Ils ont l'art de tourner ce plumage du côté du vent, et d'aller, comme les vaisseaux, à la bouline, quand le vent ne leur est pas favorable. Les oiseaux aquatiques , tels que les canards, ont aux pattes de grandes peaux qui s'étendent, et qui font des raquettes à leurs pieds, pour les empêcher d'enfoncer dans les bords marécageux des rivières.

« Parmi ces animaux, les bêtes féroces, telles que les lions, sont celles qui ont les muscles les plus gros aux épaules, aux cuisses et aux jambes; aussi ces animaux sont-ils souples, agiles, nerveux et prompts à s'élancer. Les os de leurs mâchoires sont prodigieux à proportion du reste de leur corps. Ils ont des dents et des griffes, qui leur servent d'armes terribles pour déchirer et pour dévorer les autres animaux.

« Par la même raison, les oiseaux de proie, comme les aigles, ont un bec et des ongles qui percent tout. Les muscles de leurs ailes sont d'une extrême grandeur, et d'une chair très dure, afin que leurs ailes aient un mouvement plus fort et plus rapide. . Aussi ces animaux, quoique assez pesants, s'élèvent-ils sans peine jusque dans les nues, d'où ils s'élancent comme la foudre sur toute proie qui peut les nourrir.

« D'autres animaux ont des cornes : leur plus grande force est dans les reins et dans le cou. D'autres ne peuvent que ruer. Chaque espèce a ses armes offensives et défensives. Leurs chasses sont des espèces de guerres qu'ils font les uns contre les autres pour les besoins de la vie.

« Ils ont aussi leurs règles et leur police. L'un porte, comme la tortue, sa maison dans laquelle il est né ; l'autre bâtit la sienne, comme l'oiseau, sur les plus hautes branches des arbres, pour préserver ses petits de l'insulte des animaux qui ne sont point ailés. Il pose même son nid dans les feuillages les plus épais pour le cacher à ses ennemis. Un autre, comme le castor, va bâtir jusqu'au fond des eaux d'un étang l'asile qu'il se prépare et sait élever des digues pour le rendre inaccessible par l'inondation. Un autre, comme la taupe, naît avec un museau si pointu et si aiguisé qu'il perce en un moment le terrain le plus dur, pour se faire une retraite souterraine...

« Les animaux reptiles sont d'une autre fabrique. Ils se plient, ils se replient ; par les évolutions de

leurs muscles, ils gravissent , ils embrassent , ils
serrent, ils accrochent les corps qu'ils rencontrent ;
ils se glissent subtilement partout. Leurs organes
sont presque indépendants les uns des autres ; aussi
vivent-ils encore après qu'on les a coupés... »

Il n'y a au xvii° siècle que La Fontaine pour
avoir au même degré l'amour de la nature, la
connaissance des bêtes et des plantes, et pour
ouvrir ainsi son cœur, avant Jean-Jacques Rousseau et Bernardin de Saint-Pierre, à la voix
enchanteresse et mystérieuse du monde extérieur. Quand Fénelon passe des merveilles du
monde physique aux merveilles du monde moral,
quand il peint la grandeur et la faiblesse de
l'homme, l'âme, l'esprit, l'intelligence, la raison, la liberté, son style a toujours un caractère admirable de simplicité élégante et de
grâce subtile.

La seconde partie du Traité ne fut publiée
que trois ans après la mort de Fénelon. Elle fut
composée non plus pour le commun des hommes,
mais pour les philosophes accoutumés à méditer
les vérités abstraites et à s'efforcer de remonter
aux premiers principes. L'auteur y donne souvent son adhésion aux idées de Descartes ; comme
lui, il se place dans l'hypothèse du doute absolu

et il échappe ensuite au doute par ce raisonnement : douter c'est penser, et penser c'est être. Puis cette seule idée de son existence le conduit à celle de l'être nécessaire, et l'idée de l'être nécessaire l'amène à démontrer l'existence de Dieu et à en établir les attributs. Même au sein de cette métaphysique, Fénelon sait se garder d'être obscur ; il possède le talent de donner du corps aux idées les plus subtiles et d'être très intéressant dans les discussions sèches et les démonstrations arides.

Ces belles et si précieuses qualités de claire argumentation, de pressante logique et d'imagination descriptive, se retrouvent plus nettes, parce qu'elles sont plus dégagées d'ornements poétiques, dans les *Lettres sur la religion*, dont quelques-unes furent adressées au duc d'Orléans, et dans les entretiens avec M. de Ramsay. L'histoire des rapports de ce dernier avec Fénelon est curieuse. André-Michel, chevalier de Ramsay, né en Écosse d'une noble famille restée fidèle à la cause des Stuarts, avait été élevé dans la religion anglicane. Plus tard, de longues et patientes études historiques sur la réforme le détournèrent de ses anciennes croyances et le livrèrent au scepticisme. Cependant, tourmenté

de nouveau par le besoin de la foi, il fréquenta
les plus célèbres écoles théologiques de l'Angleterre, de l'Allemagne, de la Hollande, consul-
tant partout les docteurs les plus connus. Il se
rendit à Cambrai, uniquement attiré par la
renommée de Fénelon, et, vers la fin de 1709,
il vint exposer au prélat les doutes de son âme et
les anxiétés de son cœur. L'archevêque l'accueil-
lit avec bonté, le logea dans son palais, et, déro-
bant en sa faveur à ses multiples occupations
tout le temps dont il put disposer, voulut bien
traiter avec lui tous les problèmes religieux, dont
il cherchait en vain la solution. Ramsay nous a
laissé un vivant récit des longues conversations
qu'il eut avec Fénelon ; il nous fait suivre pas à
pas le détail des objections et des réponses, il
nous raconte la victoire de l'archevêque et sa
propre conversion au catholicisme. Le gentilhomme écossais devait rester l'ami le plus dévoué
et l'admirateur le plus enthousiaste de Fénelon.
Il ne quitta Cambrai qu'après la mort de l'archevêque et il se consacra ensuite à sa mémoire.
Non seulement il écrivit sa vie, mais encore il
publia un *Essai philosophique sur le Gouvernement
civil*, qu'il présenta comme le résumé des idées
politiques et sociales développées souvent devant

lui par l'archevêque. On doit se mettre en garde
contre cet ouvrage de Ramsay, non parce qu'il
manque de bonne foi, mais parce qu'à son insu
l'auteur y donne aux vues de Fénelon sur la
nécessité et les formes différentes et les bornes de
la souveraineté une précision, un libéralisme
tranchant, une netteté systématique et doctri-
nale qu'elles ne pouvaient avoir. Ramsay va
même quelquefois jusqu'à substituer d'une manière évidente aux idées du prélat ses opinions
personnelles. C'est lui qui le premier est l'auteur
du *Fénelon* transformé et déjà légendaire, que
le xviii⁰ siècle fait à son image, que d'Alembert et
les philosophes de son école remanient et façon-
nent à leur gré, et que les écrivains révolution-
naires eux-mêmes adoptent comme un de leurs
ancêtres, en le considérant non seulement comme
le type de la philanthropie et de la tolérance,
mais encore comme une sorte de prophète, qui,
dès la fin du règne de Louis XIV, aurait eu la
vision des temps nouveaux.

Le *Traité de l'existence de Dieu*, qui excite
l'admiration du grand philosophe Leibnitz, est
suivi, en 1714, de la célèbre *Lettre sur les occupations de l'Académie Française*, le dernier et le plus
aimable ouvrage de Fénelon, écrit, pour répondre

à l'appel du secrétaire perpétuel, M. Dacier, en courant, et pour ainsi dire d'abondance de cœur. C'est là que, revenant aux études de sa jeunesse qui apportaient un si précieux adoucissement à ses peines, Fénelon, sous la forme charmante d'une causerie, non d'une sentence, donne son avis sur l'éloquence et sur la poésie, sur la langue et sur le style, et tâche de prononcer équitablement le dernier mot de la *Querelle des anciens et des modernes*, dispute désormais épuisée, en faisant sentir tout ce qu'il y a d'excessif dans les opinions des deux partis.

Fénelon restait d'ailleurs en rapport avec la plupart des gens de lettres qu'il avait connus à Paris. Pendant les années 1713 et 1714, il entretient avec Houdard de La Motte une très intéressante correspondance, qui a pour objet la *Querelle des anciens et des modernes*. Monsieur de Sacy, le savant traducteur de la Bible, échange avec lui des lettres fréquentes ; l'Académie française lui exprime souvent ses regrets de ne pouvoir plus depuis trop longtemps le voir à ses séances. En outre, Fénelon est l'âme d'une aimable société littéraire, qui se réunit dans le salon de Madame de Lambert. Cette femme, fort spirituelle, « dont le salon était comme l'antichambre de l'Académie, et qui conservait avec un éclat tempéré les anciennes traditions de goût pour les lettres, dont les femmes avaient donné tant de preuves au commencement du xvii° siècle (1), » lui écrivait des lettres charmantes comme celle-ci : « Je n'aurais jamais consenti, Monseigneur, à ce que M. de Sacy vous eût montré les occupations de mon loisir, si ce n'était vous mettre sous les yeux vos principes et les sentiments que j'ai pris dans vos ouvrages. Personne ne s'en est plus occupé et n'a pris plus de soins de se les rendre propres. Pardonnez-moi ce larcin; voilà l'usage que j'en ai su faire. Vous m'avez appris que mes premiers devoirs étaient de travailler à former l'esprit et le cœur de mes enfants; j'ai trouvé dans *Télémaque* les préceptes que j'ai donnés à mon fils, et dans l'*Éducation des filles* les conseils que j'ai donnés à la mienne.... Quel danger, Monseigneur, pour l'amour-propre que les louanges qui viennent de vous! Je les tournerai en préceptes; elles m'apprennent ce que je dois être pour mériter une estime qui ferait la récompense des plus grandes vertus. Nous sommes ici

(1) E. de Broglie, p. 163.

Le duc de Chevreuse.

(Reproduction de la Bibliothèque Nationale.)

dans une société très unie sur la sorte d'admiration que nous avons pour vous (1). » Un autre
billet, sorti de cette même plume, élégante non
sans quelque préciosité, renchérit sur ces éloges :
« Si j'avais quelque chose de bon, quelque bon
tour dans l'esprit, quelque sentiment dans le
cœur, c'est à vous, Monseigneur, que je le de-
vrais ; c'est vous qui m'avez montré la vertu
aimable et qui m'avez appris à l'aimer. Pénétrée
de vos bontés et d'admiration pour vos vertus,
combien de fois dans la calamité publique, dans
de si grands malheurs si bien sentis et d'autres
si justement appréhendés, nous avons dit avec
de vos amis : Nous avons un sage dont les conseils pourraient nous aider ; pourquoi faut-il que
tant de mérite et tant de talent soient inutiles à
sa patrie ?... »

III

Cependant Fénelon n'oublie pas Versailles à
Cambrai ; il garde au fond de son âme l'espérance
de revenir à la cour dans des temps meilleurs,
pour y être, sinon le premier ministre, du moins

(1) Correspondance générale. III. 256.

le conseiller intime, le directeur spirituel et temporel du roi qu'il souhaite à la France. Il continue d'ailleurs, même de loin, à posséder tout le cœur du jeune prince qu'il a formé; le duc de Bourgogne reste l'élève respectueux et soumis. De Cambrai, Fénelon dirige une sorte d'opposition secrète contre le gouvernement de Louis XIV; par les ducs de Beauvilliers et de Chevreuse, il introduit cette opposition jusque dans les conseils du roi, et par le duc de Bourgogne jusque dans sa famille. La disgrâce, les suspicions des uns, les haines des autres, ne diminuent en rien l'intérêt si vif et si passionné que Fénelon porte aux affaires du royaume. « Il ne perd pas courage, et rien ne lui coûte pour faire arriver ce qu'il croit être la vérité aux oreilles de ceux qui ont autorité et crédit (1). »

En 1701 et en 1702, il fait passer au duc de Beauvilliers deux mémoires politiques, dans lesquels ce bel esprit, qu'on accuse si souvent de chimères et qui mérite quelquefois cette accusation, donne les conseils les plus sages et expose les desseins les plus pratiques. Le premier mémoire a pour objet de prévenir l'orage qui me-

____

1. E. de Broglie, p. 78.

naçait alors toute l'Europe. La guerre n'était pas
encore déclarée. Fénelon indique divers expé-
dients pour éviter cette guerre et les calamités
qu'elle devait entraîner. Que n'a-t-il été favorable-
ment écouté? En ménageant, comme il le voulait, l'Angleterre, en maintenant les Hollandais
par de justes concessions dans la neutralité, la
France eût pu tourner toutes ses forces contre
les Impériaux encore isolés et les rejeter en
Allemagne après les avoir chassés d'Italie! Le
second mémoire roule sur la campagne de 1702;
il est remarquable par la revue que Fénelon y
fait des généraux qu'on pourra employer et par
la sagesse des jugements qu'il porte sur chacun
d'eux. Cette fois encore ce fut un grand malheur
de ne pas écouter ses conseils! Si l'on eût, selon
ses avis, donné le commandement à Catinat, et
non pas à l'incapable maréchal de Villeroy, on
n'eût pas risqué par faiblesse le sort de la
France! Tels étaient les soins que Fénelon ne
cessait de prendre pour ce roi qu'il trouvait si
dur à son égard. La pensée de l'archevêque ne
pouvait se détacher de Louis XIV.

« Je ne puis m'empêcher, écrivait-il au duc de
Beauvilliers, de vous dire ce que j'ai sur le cœur.

10.

Je fus hier, fête de saint Louis, en dévotion de prier
pour le roi. Si mes prières étaient bonnes, il le res-
sentirait, car je priai de bon cœur. Je demandai
seulement qu'il en fît un bon usage... Je le regardai
comme un objet digne des grâces de Dieu. Je me
rappelais son éducation sans instruction solide,
les flatteries qui l'ont obsédé, les pièges qu'on lui
a tendus pour exciter dans sa jeunesse toutes ses
passions, les conseils profanes qu'on lui a donnés.
J'avoue qu'à la vue de ces choses, nonobstant le
grand respect qui lui est dû, j'avais une forte compassion pour une âme si exposée. Je le trouvais
bien à plaindre, et je lui souhaitais une abondante
miséricorde pour le soutenir (1). »

Ce ton de pitié respectueuse change à mesure
que les désastres amenés par tant de fautes ac-
cumulent sur la France les maux les plus hor-
ribles. Dans ces jours d'adversité, Fénelon prend
les allures et le langage *d'un prophète irrité;* il
accable le monarque absolu, dont l'immense
orgueil ne veut pas fléchir sous le poids des calamités qu'il a causées (2). C'est alors qu'il adresse
au duc de Beauvilliers une lettre que, malgré
sa prière, on n'osa pas mettre sous les yeux
du roi, qu'il n'hésitait pas à interpeller en ces
termes :

(1) Correspondance, X, 585.
(2) Vacherot, endroit déjà cité.

« Vous me direz que Dieu soutiendra la France ;
mais je me demande où en est la promesse. Avez-
vous quelque garant pour des miracles ? Il en faut
sans doute pour vous soutenir comme en l'air. Les
méritez-vous dans un temps où votre ruine pro-
chaine et totale ne peut vous corriger, où vous êtes
encore dur, hautain, fastueux, incommunicable, insensible et toujours prêt à vous flatter ? Dieu s'apai-
sera-t-il en vous voyant humilié sans humilité, con-
fondu par vos propres fautes, sans vouloir les avouer,
et prêt à recommencer, si vous pouvez respirer deux
ans ! Dieu se contentera-t-il d'une dévotion qui consiste à dorer une chapelle, à dire un chapelet et à
chasser quelque janséniste (1) ?

» Non seulement il s'agit de finir la guerre au dehors, mais il s'agit encore de rendre au dedans du
pain aux peuples moribonds, de rétablir l'agriculture et le commerce, de réformer le luxe qui gan-
grène toutes les mœurs de la nation, de se ressou-
venir de la vraie forme du royaume, et de tempé-
rer le despotisme, cause de tous nos maux. »

Et Fénelon, quittant le style direct sans cesser
pour cela de toucher aux extrêmes limites de la
véhémence, ajoute ces graves et brûlantes
paroles :

« On applaudit à la dévotion du roi, parce qu'il ne
s'irrite pas contre la Providence qui l'humilie. On se
contente qu'il croie n'avoir commis aucune faute
importante et qu'il se regarde comme un saint roi

(1) Correspondance. I, 387.

que Dieu éprouve, ou tout au plus comme un roi qui a péché, comme David, par la fragilité de la chair dans sa jeunesse. Mais lui dit-on qu'il faut qu'il reconnaisse que c'est par le renversement de tout ordre qu'il s'est jeté dans l'abîme d'où il semble que rien ne puisse le tirer? »

Certes, dans cette lutte que l'archevêque de Cambrai soutient contre l'orgueil et contre la politique de Louis XIV aux abois, on peut et on doit reprocher à Fénelon trop de sécheresse et de dureté, une indignation trop tranchante, trop de commandements absolus, trop de vues étroitement systématiques. Il est certain que si nous examinons, par exemple, la lettre anonyme adressée par Fénelon à Louis XIV (1), on est forcé de trouver son patriotisme bien peu éclairé, quand on voit qu'après avoir violemment blâmé toutes les conquêtes du roi, il conseille de rendre Valenciennes, Cambrai, Strasbourg, de sacrifier nos meilleures places, d'ouvrir et de désarmer nos frontières. Ajoutons qu'on est presque porté à douter de son cœur, quand on reconnaît que dans la hauteur de ses reproches il ne ménage même pas son ami le plus dévoué,

(1) Retrouvée, au commencement du siècle, par Renouard.

le duc de Beauvilliers, puisqu'il l'accuse de scandaliser tout le monde par sa faiblesse et par sa timidité, de ne point oser détromper le roi, dont il a la confiance, et de ne point se retirer du ministère, si Louis XIV persiste à se montrer ombrageux et à ne vouloir que des flatteurs autour de lui. Les deux mémoires écrits par Fénelon sur la guerre de la succession d'Espagne contiennent encore de très graves erreurs de direction politique. Quand il ne trouve d'autre remède que l'abdication de Philippe V et une *défaite sans ressource* de la France, et qu'il va jusqu'à consentir au sacrifice de la Franche-Comté et des Trois-Évêchés pour avoir la paix, combien Fénelon est inférieur au vieux roi, qui déclare qu'il aimerait mieux s'ensevelir sous les ruines de la patrie, tient bon, croit jusqu'au bout à la fortune de la France, se prépare à mourir au milieu de ses derniers soldats, et se livre en toute confiance à la vaillante audace de Villars, qui sauve son pays par la victoire de Denain ! Ce qui excuse Fénelon, c'est le sentiment qui le conduit et la pensée qui le guide, même dans ses plus chimériques erreurs, dans cette inquiétude et cette impatience de l'avenir, qui, à certaines heures, prennent chez lui la place de la prévoyance, de la hardiesse impartiale et calme. Comme le peuple tout entier, il est à bout de patience et de résignation ! Les impôts sont si lourds ! La dépopulation des campagnes, la famine, la misère des villes sont si affreuses ! Le pays est si abominablement ravagé par les armées qui le foulent et le dévorent ! En somme, il ne faut pas oublier que Fénelon apparaît comme *le seul caractère de ce règne où tout se courbe sous la volonté d'un maître.* « Tous ses contemporains, hommes d'épée, hommes de robe, hommes d'Église, hommes d'État, écrivains et poètes avec leur honneur et leur bravoure, avec leurs talents de toute espèce, avec leur raideur parlementaire, avec leur austère piété, avec leur éloquence et leur génie, se confondent dans la foule des courtisans à genoux devant la toute-puissance. Lui seul, le vrai prélat, le vrai grand seigneur, avec sa faiblesse, sa douceur, se tient debout devant l'orgueilleuse majesté. »

Un moment Fénelon put croire que le temps de ses épreuves touchait à sa fin et que l'heure était proche où le duc de Bourgogne allait gouverner la France. Louis XIV en effet, après la mort de son fils, voulut se rattacher fortement

au nouveau dauphin, et, sentant se précipiter
l'extrême déclin de l'âge, il l'admit au partage
de son autorité en l'associant au gouvernement.
Les ministres reçurent l'ordre de travailler chez
l'héritier du trône. « Voilà, dit le roi à une
députation de l'assemblée du clergé, voilà le
prince qui me succédera bientôt, et qui, par sa
vertu, rendra le royaume plus heureux ! » L'at-
tente du règne, qui devait réparer les maux de
la France, s'emparait de tous les cœurs. « Le
vieux roi lui-même accueillait d'une manière
touchante l'idée de laisser à son peuple le repos
et le bonheur après une gloire si chèrement
achetée (1). » C'est alors que Fénelon comprit
à merveille combien il importait que le futur roi
cessât d'être enveloppé dans la popularité de son
maître, qu'il eût son éclat personnel, qu'il cessât
d'être Télémaque pour devenir Ulysse. L'archevêque de Cambrai, bien loin de vouloir,
comme on l'a dit quelquefois, maintenir le duc
de Bourgogne dans une longue enfance, pour
régner lui-même sous son nom, souhaite, avec
une sincérité dont il n'est pas permis de douter,
que le jeune prince apprenne à se décider par

(1) Henri Martin, XIV, p. 550.

lui-même et soit libre dans son discernement. Il écrit en juillet 1711 au duc de Chevreuse ces paroles très significatives :

« Au nom de Dieu, que M. le Dauphin ne se laisse gouverner ni par vous, ni par moi, ni par aucune personne au monde. »

Inutiles conseils ! Vaines exhortations ! Le duc de Bourgogne meurt prématurément ! Fénelon, qui voit descendre au fond du tombeau, avec l'objet de son affection si tendre, ses idées de bien public et ses espérances de rénovation sociale, est comme foudroyé dans son cœur et dans son esprit (1). Est-ce à dire que Fénelon ne se soit jamais relevé du coup terrible qui le frappait, et qu'après la mort du duc de Bourgogne il n'ait plus été, comme l'affirment ses biographes, qu'une âme détachée des choses de la terre et éprise du ciel, qu'un fruit mûr qui va sans peine tomber de l'arbre sous le souffle de la mort pour l'éternité (2)? C'est là méconnaître son indomptable énergie et ses espérances ob-

(1) Henri Martin, XIV, p. 550.
(2) De Broglie.

stinées. Quand son élève chéri n'est plus, il ne
renonce pas encore à mettre au service de la
France ses longues études, ses profondes médi-
tations, son expérience si patiemment et si douloureusement acquise. Il veut que Madame de
Maintenon, son ancienne amie, son admiratrice
d'autrefois, à laquelle il pardonne de l'avoir
abandonné, et tous les ministres supplient le roi
d'aviser au salut de l'État en péril. Il reprend
la plume et il envoie le 15 mars 1712 à Versailles
trois mémoires intitulés *le Roi*, *Projet d'un conseil
de régence*, *Éducation du jeune prince*, c'est-à-dire
de l'arrière petit-fils de Louis XIV, de l'enfant
qui sera bientôt Louis XV. Les deux premiers
mémoires ont pour but d'indiquer les moyens de
rendre la tâche plus facile au gouvernement
futur en rétablissant l'ordre dans les finances,
en étouffant les germes des troubles qu'une
minorité rend probables, en constituant solide-
ment un conseil de régence vigoureux et muni
d'un grand pouvoir. Le troisième mémoire con-
tient des conseils excellents sur la manière d'é-
lever l'héritier du trône. Qu'on s'empresse de
lui chercher un entourage vertueux et dévoué !
Que toute sa maison soit formée avec le soin le
plus scrupuleux ! Qu'on lui choisisse un précep-

teur qui ait le cœur affectueux, l'âme élevée, le caractère ferme ! Cette fois encore, Fénelon ne fut pas écouté. L'arrière petit-fils de Louis XIV fut d'une part confié à la faiblesse de l'évêque de Fréjus et de l'autre à la courtisanerie du maréchal de Villeroi !

Cependant il semblait que l'exilé de Cambrai fût sur le point de revenir à Versailles ; le vieux roi cédait peu à peu à de puissantes sollicitations ; Madame de Maintenon paraissait sincèrement gagnée au retour du prélat, lorsqu'il mourut dans sa ville épiscopale, après une maladie de six jours, le 7 janvier 1715. Ses dernières paroles, écrites sous sa dictée par son aumonier, avaient été adressées au confesseur du roi, pour qu'elles fussent mises sous les yeux de Louis XIV :

« Je viens de recevoir l'extrême-onction.
» C'est dans cet état, où je me prépare à paraî-
» tre devant Dieu, que je vous supplie instam-
» ment de représenter au roi mes sentiments.
» Je n'ai jamais eu que docilité pour l'Église et
» horreur des nouveautés. J'ai reçu la condam-
» nation de mon livre avec la simplicité la plus
» absolue. Je souhaite à Sa Majesté une longue

» vie dont l'Église, aussi bien que l'État, a infi-
» niment besoin. Si je puis aller voir Dieu, je
» lui demanderai souvent ces grâces... (1). »

(1) Correspondance, IV, 595.

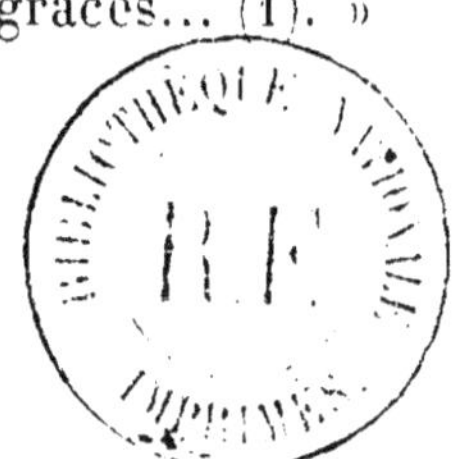

TABLE DES MATIÈRES

TABLE DES GRAVURES

Poitiers. — Imprimerie P. Oudin, rue de l'Éperon, 4.

www.ingramcontent.com/pod-product-compliance
Lightning Source LLC
LaVergne TN
LVHW021433170726
843501LV00005B/1316